**Marketing Basic Selection Series**
マーケティング・ベーシック・セレクション・シリーズ

# 流　通
# マーケティング

㈱経営教育総合研究所
**山口正浩** 監修
Yamaguchi Masahiro

**田中秀一** 編著
Tanaka Shuichi

# Distribution
# Marketing

同文舘出版

## マーケティング・ベーシック・セレクション・シリーズ発刊にあたって

　マーケティング・ベーシック・セレクション・シリーズの内容は、経営教育総合研究所の主任研究員が携わってきた多数の企業や大学、地方公共団体での講義や研修、上場企業や中小企業へのコンサルティングがベースとなっています。

　マーケティング研修で、受講生に「マーケティング」から連想するキーワードを質問すると「企業戦略」、「販売促進」、「広告宣伝」、「営業担当者の強化」、「Web」、「TVCM」など、さまざまな答えがあがります。消費者行動や企業活動の多様化にともない、マーケティングも、さまざまな切り口から考えられるようになりました。

　本シリーズでは、多様化しているマーケティングを下記の12テーマのカテゴリーに分類し、最新事例や図表を使用してわかりやすくまとめています。本シリーズで、各カテゴリーのマーケティング知識を理解し、活用していただければ幸いです。

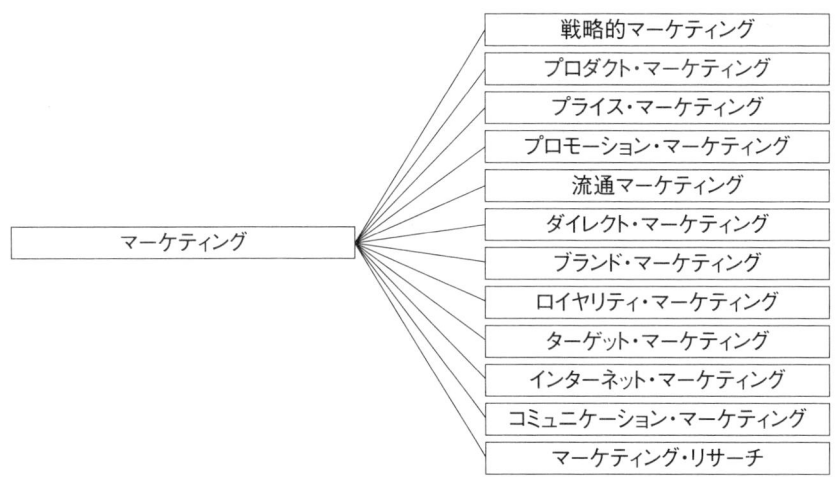

　本シリーズは一般の書籍と異なり、マーケティング・ベーシック・セレクション・シリーズ専用のHPを開設しています。HPでは書籍に書ききれなかった監修者・執筆者のコメントや、マーケティングに関する最新情報を紹介しています。本シリーズで学習したら、下記のHPにアクセスし、さらなる知識を吸収してください。
URL　http://www.keieikyouiku.co.jp/MK

株式会社 経営教育総合研究所<br>
代表取締役社長　山口 正浩

# まえがき

　本書を手にした皆さんは、"流通"という言葉から何を連想しますか。スーパーマーケットやデパート、コンビニエンスストアなどの小売店を連想した方、巨大な流通センターやトラックターミナルを連想した方もいると思います。インターネットの通販サイトを連想した方もいるはずです。"流通"といっても意味はさまざまで、人によってはつかみどころのない言葉に思えるでしょう。

　本書は、流通について詳しく知りたい方や流通理論をしっかり学びたい学生やビジネスパーソンを対象に、"流通とは何か"を体系立てて説明しています。流通業界に就職を希望する方の試験対策や、流通業に就職した新入社員の方の研修テキストとしても最適です。

　本書の題名は、「流通マーケティング」です。商品を生産してから、それが消費者に届くまでを、マーケティング理論や経営学の理論に基づいて説明しています。そのため、流通業界の内情を解説しているだけの"業界解説書"とは、一線を画した内容になっています。マーケティングや経営学のポイントを押さえながら、興味深く読んでいただけるように工夫しています。

　本書は、1960年代からの「流通革命」、1980年代後半からの「第2次流通革命」などの流通業界の変遷をみながら、流通業者の足跡や今後の方向性を考察します。インターネットによる無店舗販売における流通についても触れています。POSシステム、EOS、バーコード、ICタグなどのIT技術を利用した流通業界の技術革新や、流通とは切っても切れない"物流"についても詳しく解説します。

　マーケティングの学習経験のある方は、"マーケティングの4P"という言葉を聞いたことがあると思います。4Pとは、マーケティングを構成する重要な4つの項目、製品（Product）、価格（Price）、販売促進

(Promotion)、流通チャネル（Place）のことです。本書は、これらマーケティングの4Pのうち、流通チャネル（Place）をテーマにしています。

　流通チャネル以外の製品、価格、販売促進について既に学習した方は、本書を読めば一通りのマーケティングのポイントを学習できたことになります。これからマーケティングを学習する方は、身近な流通業者をイメージしながら学習できる本書を最初の一冊に選ぶことを推奨します。

　本書の特徴は、以下のとおりです。
(1) 専門用語を使わず、平易な言葉で解説しています。
(2) sectionごとに図表を盛り込み、内容のイメージをつかみやすいようにしています。
(3) 豊富な事例により、学習した内容が実際にどのように使われているかを確認できます。
(4) sectionごとのテーマが明確なため、体系的に学習できます。

2009年6月

　　　　　　　　　　　　　　　　　　　株式会社 経営教育総合研究所
　　　　　　　　　　　　　　　　　　　　　　田中 秀一

マーケティング・ベーシック・セレクション・シリーズ
流通マーケティング◉──────────目次

## PART 1
# 流通業界の基本構造

- section1　日本型流通システム……………………………010
- section2　日本の流通構造の変化…………………………014
- section3　流通チャネル……………………………………018
- section4　流通システム……………………………………022
- section5　卸売業の機能と理論……………………………026
- section6　小売業の機能と理論……………………………030

## PART 2
# 流通チャネル体系と法律的環境

- section1　伝統的チャネル選択……………………………036
- section2　垂直的なマーケティング・システム…………040
- section3　メーカーと流通業者の共同行動………………044
- section4　流通と法律的環境………………………………048

## PART 3
# 流通系列化と価格体系

- section1　専売店制…………………………………………054
- section2　一店一帳合制……………………………………058

section3　テリトリー制 ································································· 062
section4　建値制とオープンプライス制 ································ 066
section5　リベートとアロウワンス ·········································· 070

### PART 4
## 流通業の形態・業態

section1　レギュラーチェーンとフランチャイズチェーン ············ 076
section2　ボランタリーチェーン ··············································· 080
section3　ショッピングセンター ················································ 084
section4　カテゴリーキラーとアウトレットモール ·················· 088
section5　無店舗販売 ································································ 092

### PART 5
## パワー・コンフリクト理論

section1　経済的パワー資源 ···················································· 098
section2　非経済的パワー資源 ················································ 102
section3　コンフリクトとは ························································· 106
section4　コンフリクトの制御戦略 ············································ 110

### PART 6
## 流通業の品ぞろえ戦略

section1　ラインとアイテム ························································ 116
section2　総合化と専門化 ·························································· 120
section3　NBとPB ······································································ 124

| | | |
|---|---|---|
| section4 | 製販同盟 | 128 |

## PART 7
# 商品別の流通構造

| | | |
|---|---|---|
| section1 | 化粧品の流通構造 | 134 |
| section2 | 酒類の流通構造 | 138 |
| section3 | 生鮮食品の流通構造 | 142 |
| section4 | 加工食品の流通構造 | 146 |
| section5 | 出版物の流通構造 | 150 |
| section6 | 衣料品の流通構造 | 154 |

## PART 8
# 流通業のマーケティングを支えるIT

| | | |
|---|---|---|
| section1 | バーコード | 160 |
| section2 | POSシステム | 164 |
| section3 | EOS | 168 |
| section4 | ICタグ | 172 |
| section5 | サプライチェーンマネジメント (SCM) | 176 |

## PART 9
# 物流戦略

| | | |
|---|---|---|
| section1 | 物流の重要性 | 182 |
| section2 | 物流環境の変化 | 186 |
| section3 | 物流と環境問題 | 190 |

| section4 | トータル・ロジスティックス | 194 |
| section5 | メニュー・プライシング | 198 |

## PART 10
# 流通業の方向性

| section1 | チェーン・オペレーションとは | 204 |
| section2 | チェーン・オペレーションの動向 | 208 |
| section3 | インターネットと流通 | 212 |
| section4 | 小売業・卸売業が抱える問題 | 216 |
| section5 | 小売業成長の方向性 | 220 |
| section6 | 卸売業成長の方向性 | 224 |

装丁・本文DTP●志岐デザイン事務所

section 1　日本型流通システム
section 2　日本の流通構造の変化
section 3　流通チャネル
section 4　流通システム
section 5　卸売業の機能と理論
section 6　小売業の機能と理論

# PART 1

# 流通業界の
# 基本構造

「多段階性」「零細過多性」「複雑性」が
日本型流通システムの特徴だ

section 1　流通業界の基本構造

# 日本型流通システム

　商品が流通する仕組みを流通システムといいます。世界のさまざまな国や地域で商品が流通していますが、流通システムは国によって大きく異なります。本sectionでは、日本型流通システムの特徴を考察します。

### (1) 流通とは
　流通とは、消費者の手元に商品を届ける機能のことです。流通機能がなければ、我々は生活に必要なものを自分で作るか、直接生産者に買いに行かなくてはなりません。社会の中に流通の仕組み（流通システム）が根付いているため、私たちは快適な生活を送ることができるのです。

### (2) 日本型流通システムの特徴
　諸外国からみた日本の流通システムは、「多段階性」「零細過多性」「複雑性」の3つの特徴を持っています。これらが、社会全体の流通コストを増大させ、内外価格差を広げています。内外価格差とは、同一商品の価格が国内と海外で異なることをいいます。近年、多くの零細小売業と少数の大規模小売業からなる、二極化の傾向が顕著になっています。

### (3) 多段階性
　流通システムは、製造業（メーカー）→卸売業→小売業→消費者という流れで構成されています。日本型流通システムの「多段階性」とは、流通システムの中間に位置する卸売業が多段階なことを指します。ひとつの商品の流通を仲介する卸売業は、1社だけとは限らず、複数の卸売

業が仲介することがあります。水産物加工食品は、製造業→製造業のグループ企業の卸売業→大手食品卸売業→地域の卸売業→消費者という経路をたどります。卸売段階には、「製造業のグループ企業の卸売業」「大手食品卸売業」「地域の卸売業」の3社が介在しています。卸機能が、3段階に分かれているのです。

　卸売業が多段階になると、どのような影響があるのでしょうか。複数の卸売業が取引に介在すれば、商品の最終小売価格が上昇します。卸売業は、商品を仕入れて販売することで利益を確保します。水産物加工食品では、卸売業が3社介在していましたので、3社分の利益が商品の価格に上乗せされることになります。3社の利益が上乗せされた価格でも、消費者が受け入れられるのであれば、卸売業1社で儲けることができた利益を、3社で分けたことになります。

　価格面以外の影響を消費者側からみた場合、品質の低下が考えられます。代表的なものに生鮮品があります。流通経路が物理的に長い場合、時間的にも長いと考えられます。生鮮品は鮮度を要求されますが、多数の業者が介在すると、鮮度はどんどん落ちてしまいます。

　卸売業の多段階性は、W/R比率（Wholesale/Retail比率）によって表すことができます。W/R比率は、卸売業の総販売額を小売業の総販売額で割った数値で表され、数値が大きいと卸の多段階化が進んでおり、逆に数値が小さいと、流通経路の短絡化が進んでいるといえます。

　日本のW/R比率は、消費財（食品など）分野で低下傾向にあります。大手小売業の発展と、それにともなう卸機能の吸収によって卸売業が減少し、階層が減っていることが一因です。日本のW/R比率は、他の先進国と比べて高く、流通の非合理性が論じられています。日本の流通業界は、流通システムの見直しが急務です。

## (4) 零細過多性

　日本型流通システムの「零細過多性」は、小売段階のことを指します。日本の小売店の多くが、極めて小規模で、店舗数が過剰になっています。多くの店舗が、「パパママストア」的な規模です。

　平成19年度の「商業統計」によると、日本には小売店が約114万店あり、従業員数4名以下の零細小売店が約75万店、全体の約66％を占めています。従業員9名以下の小売店は約96万店あり、全体の約84％を占めています。

　店舗規模でみると、店舗面積100m$^2$未満の店舗が約72万店あり、全体の約63％を占めています。72万店の中では、個人経営が45万店を占めています。日本の小売業は、小規模で家族経営的な店が非常に多いことが特徴です。

　平成20年7月現在、日本の人口は約1億2,500万人です。これに対して、小売店は約114万店あり、人口当たりの小売店舗数がアメリカの約2倍になっています。

　以上から、日本の小売業の特徴のひとつに「零細過多性」をあげることができます。

## (5) 複雑性

　日本型流通システムの「複雑性」は、取引慣行や流通系列化等の日本型取引関係のことを指しています。帳合制度や販売奨励金（リベート）の仕組み等、非常に複雑な取引が日常的に行われています。「複雑性」は、外国企業が日本市場へ参入する際の障壁となります。

### 図 1-01　日本型流通システムの特徴

日本型流通システムの特徴
- 多段階性
- 零細過多性
- 複雑性

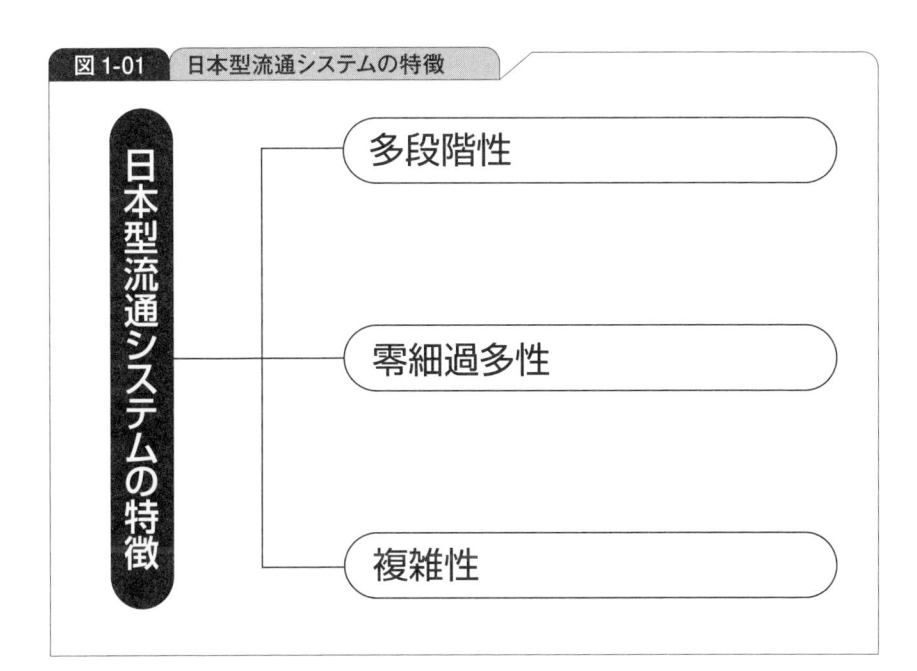

### 図 1-02　W/R 比率

W/R 比率（Wholesale/Retail 比率）

$$\text{W/R 比率} = \frac{W}{R}$$

$$= \frac{\text{卸売業総販売額} － \text{産業用使用者向け販売額} － \text{輸出向け額}}{\text{小売業総販売額}}$$

section 2　流通業界の基本構造

# 日本の流通構造の変化

　前sectionでみたとおり、日本型流通システムの特徴として、「多段階性」「零細過多性」「複雑性」があげられます。しかし1960年代に入り、大型スーパーマーケットチェーンの出現を契機に「流通革命」という言葉が生まれました。本sectionでは、流通革命の意味、時代とともに変化する日本の流通構造について考察します。

## (1) 流通革命

　1960年以前の日本の流通は、「業種別小売業」「業種別卸売業」で構成されていました。

　「業種別小売業」とは、酒屋、八百屋、魚屋など、取扱品目が明確に分かれている小売業のことです。規模的には、商店といわれる家族経営が中心です。「業種別卸売業」とは、日用雑貨専門卸、酒類専門卸など、商社より問屋（とんや）と呼ばれる規模が中心で、取扱品目が明確に分かれている点は業種別小売業と同じです。

　業種別流通とは別に、1950年頃から「業態型流通」が進展してきました。業態型流通とは、GMS（General Merchandise Store:大型量販店）のように、業種ごとの取扱品目を越えた総合小売業の流通構造を指します。

　チェーンストア形態を採用しているGMSは、本部一括仕入れや物流センターの設置等、全国に張り巡らされた物流網によるチェーン・オペレーションを背景に、大規模化を進めました。その結果、従来型の日本の流通構造を革新することになりました。GMS以外の新しい業態として、コンビニエンスストアも出現しました。

## (2) 小売業の流通構造の変化

　1950年代後半から1980年代前半にかけて、「第1次流通編成」が進みました。GMSは、従来から取引のある卸売業と継続的な取引を行いながら、自店の品ぞろえを充実させてきました。卸売業は、個店との取引以外にGMSの大量仕入れに対応し、GMSの躍進を助けました。

　卸売業は商品を卸すだけでなく、GMSのオペレーションの一部を担う形で、小売業とともに成長しました。業種別の卸売業が従来どおり存在することで、中小小売業は仕入先を確保することができました。

　1980年代後半から「第2次流通編成」が進みます。第2次流通編成が進んだ理由としては、消費者のライフスタイルの変化やモータリゼーションの進展、情報ネットワーク技術の進展などがあげられます。第2次流通編成の特徴は、①大手小売業が製造業（メーカー）と直接取引することで卸機能を自社で保有したこと、②業種別仕入れの集約化を図り、多様な品ぞろえを効率的に行えるようにしたこと、などがあげられます。

　この頃から、GMSは、広くて浅い品ぞろえから、広くて深い品ぞろえに転換することができ、消費者の支持を得ました。小規模で品ぞろえを絞った小売業は、徐々にGMSに顧客を奪われることになります。

## (3) 卸売業の流通構造の変化

　日本では、1960年代から「問屋無用論」が提唱されるようになりました。問屋無用論とは、流通システムにおいて卸の役割が小さくなることをいいます。GMSに代表される大規模小売業は、成長の過程で卸機能を保有するようになります。流通システム内で力をつけた大規模小売業が、メーカーとの役割分担を明確にし、卸を通さない直接取引が増加します。

　実際に、問屋（卸売業）がなくなれば良いというわけではありませんが、近年のW/R比率をみると、その傾向を確認することができます。「商業統計」によると、1985年の日本のW/R比率は4.21でしたが、1988年

には3.89にまで下がりました。1991年には再び4.08に上がりましたが、1994年、1997年、2002年と低下傾向が続いています。W/R比率が低下していることから、流通経路が短絡化していることがわかります。

　「そんなに都合良くいくものではない」というたとえで、「そうは問屋が卸さない」という言葉があります。問屋が首を縦に振らないと、物事が進まないという意味です。昔は、問屋（卸売業）の流通システム上での力が強かったのです。

### (4) 流通構造の変化の中心となった「ダイエー」

　GMSのダイエーは、1957年に大阪市旭区の京阪電鉄千林駅前に「主婦の店ダイエー1号店」を開店しました。中内社長は、もともと、薬の卸売業を営んでいたため、薬の安売り店からスタートしました。傷薬や歯磨き粉、ビタミン剤等が人気商品で、定価より安く売ることが評判となり、たちまち安売りの店としてダイエーの名前が広がりました。その後、品ぞろえを、薬以外の日用雑貨や食料品にも広げ、現在のGMSの原型を作りました。

　創業者・中内㓛氏は、商品代金を即金で支払うことで仕入価格を叩き、定価を無視して低価格で販売するスタイルを貫きました。中内社長の商売は「価格破壊」と呼ばれ、作家城山三郎氏の同名小説にもなり、当時の流行語になりました。店は大変な繁盛で、特にピーナッツなどの菓子類が飛ぶように売れました。1号店のあった千林では、ダイエーグループのディスカウント店トポス千林店が、2005年10月31日に閉店し、ダイエー系列の店舗は、創業地・千林から完全に姿を消しました。

図 1-03　日本の流通構造の変化

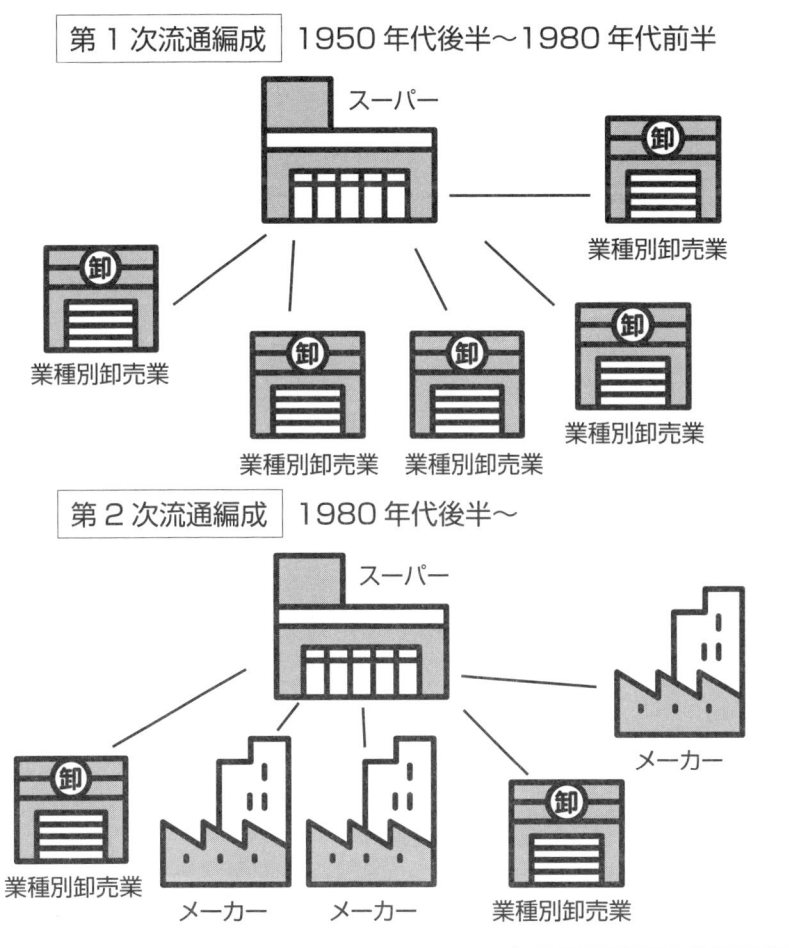

section 3　流通業界の基本構造

# 流通チャネル

　流通チャネルとは、流通経路のことです。流通チャネルは、マーケティング戦略を考える上で、非常に重要です。本sectionでは、流通チャネルの機能や選択について考察します。

**(1) 流通チャネルとは**
　流通チャネルとは、商品が生産者から消費者に移動する経路のことです。前sectionでみたとおり、卸売業や小売業を介して、商品が消費者に届きます。しかし、すべての商品が卸売業や小売業を介して消費者の手に届くわけではありません。
　皆さんの中には、インターネットで直接生産者から商品を購入したことがある方もいるはずです。産地直送の果物などが良い例です。通常の流通チャネルなら、果物は農家から農協を経由して卸売市場に届き、小売業が仕入れて店頭に並べます。消費者は、店頭で果物を購入します。
　インターネットで産地直送の果物を注文した場合、農家または農協から直接果物が届きます。つまり、店頭で購入する場合とインターネットで購入する場合とでは、流通チャネルが異なるのです。
　流通チャネルは、消費者が選択する以外に、生産者が流通チャネルを選択することがあります。言い換えると、生産者や卸売業、小売業が流通チャネルを構築し、消費者が自分の希望する流通チャネルを選択し、商品を購入しているのです。

## (2) 流通経路の分類

　流通チャネルは、「直接流通」と「間接流通」に分かれます。「直接流通」とは、生産者が直接消費者に商品を販売することです。例えば、漁師が水揚げしてきた魚介類を、直接消費者や産業用使用者に販売したり、農家が果樹園で採れたリンゴを直接消費者に販売する場合などです。

　この場合は、生産者と消費者や産業用使用者の間に流通業者は介在しません。そのため「直接流通」といわれます。

　「直接流通」には、次の4つのメリットがあります。

①流通業者が取引の間に介在しないため、その分安く消費者に販売することができる。

②流通業者が取引の間に介在しないため、卸売業に販売する価格より高く、消費者や産業用使用者に販売することができる。

③流通業者が取引の間に介在しないため、早く消費者や産業用使用者に届けることができる。

④消費者や産業用使用者の反応を直接収集することができるため、商品政策に活かすことができる。

　一方、「直接流通」には次の2つのデメリットがあります。

①生産者が消費者や産業用使用者と直接取引することで、卸の中抜き現象が進み、卸売業との間に軋轢が生まれる。

②消費者や産業用使用者への提供価格と卸売業や小売業の仕入価格の逆転が生じ、流通チャネル内で混乱が起きる。

　販売方法によって「直接流通」は、「ダイレクトマーケティング」と「直接販売」に分けることができます。

　「ダイレクトマーケティング」とは、情報発信媒体を介した直接販売方式です。情報媒体としては、カタログ販売、インターネットショップ、

ダイレクトメール、新聞や雑誌等があげられます。最近、通信販売専門のショップチャンネルがめざましい発展を遂げています。商品の注文に、インターネットサイト、電話やFAX、郵便を利用するのが一般的です。

「直接販売」とは、人的販売によって直接消費者や産業用使用者に販売することです。例えば、呉服の訪問販売、ガス器具の訪問販売などは、典型的な「直接販売」です。

一方、「間接流通」とは、日本の伝統的な流通チャネルのことをいいます。生産者→卸売業→小売業→消費者という流れです。生産者と消費者の間に仲介業者が介在することが、「直接流通」との違いです。卸売業には、1次卸売業や1次卸売業から仕入れる2次卸売業、2次卸売業から仕入れる3次卸売業などの複数の業者が介在することがあります。これが、流通の多段階性です。

## (3) チャネル政策

ここに、発売前の新商品があるとします。読者の皆さんが、新商品の販売担当者なら、最初に何を考えるでしょうか。価格でしょうか、それとも広告でしょうか。価格や広告も重要ですが、どの流通チャネルを使って販売するのかを考えることが重要です。例えば、新商品が中学生や高校生向けの菓子なら、スーパーだけで販売するのではなく、コンビニエンスストアで販売すればさらに売上が伸びることが予測できます。自動車保険ならば、簡単な手続きで申し込みができるため、インターネットやテレビCMと郵便の組み合わせで販売を行うこともできます。このようなチャネルの選択を考えることをチャネル政策といいます。チャネル政策を考える際には、商品の特徴を分析・整理する必要があります。最寄品なのか買回品なのか、普及品なのか高級品なのか、汎用品なのか専門品なのかなどを分析します。自社のブランドの認知度によっても、チャネル政策は変わってきます。

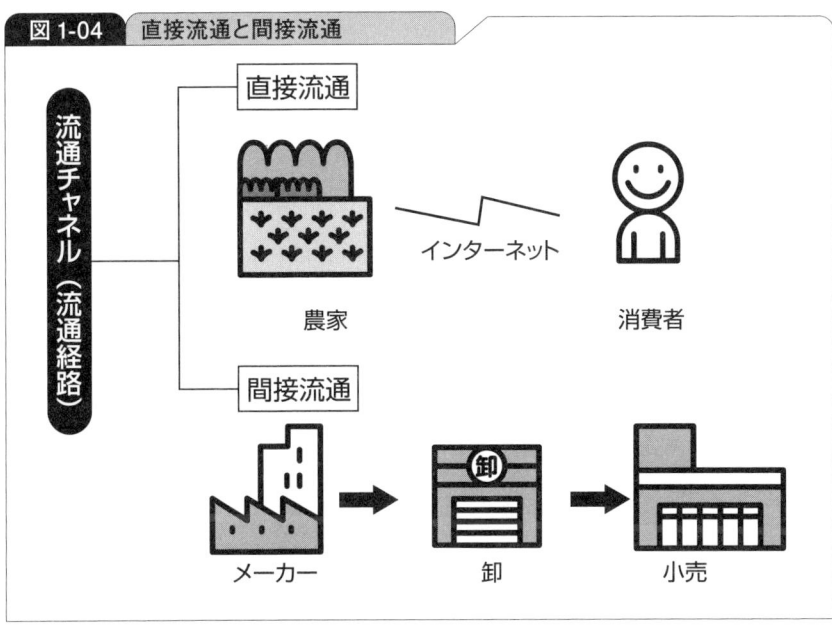

図1-04 直接流通と間接流通

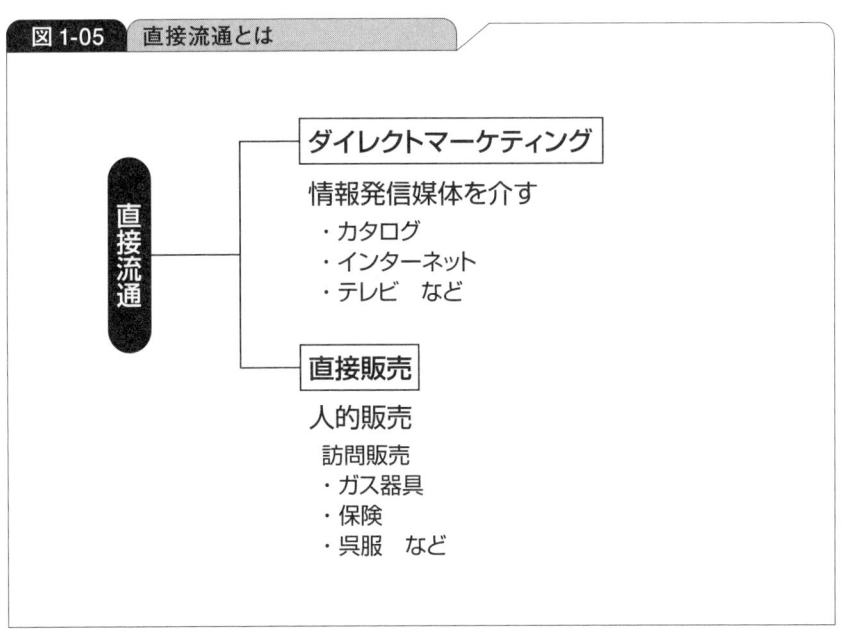

図1-05 直接流通とは

## section 4 流通業界の基本構造
# 流通システム

　システムとは、独立した複数の要素が相互関係にありながら、統合されて機能する複合体のことをいいます。本sectionでは、流通システムとは何かを考察します。

### (1) 流通システムとは
　流通システムとは、広義では国の経済、特定産業全体の流通構造や流通チャネルのメンバー間の行動パターンを示しています。
　狭義では、ある特定企業の製品生産者から消費者までの流れを示す、流通経路の構造と行動を意味します。
　流通システムは、生産者→卸売業→小売業→消費者の流れと、チャネルメンバーで構成されます。

### (2) 卸と販社
　最寄品などの消費財を販売するメーカーが流通チャネルの選択を考える場合、卸売業か販社かという2つの選択肢があります。卸売業とは問屋のことで、さまざまな生産者の商品を取り扱う業者です。一方、販社とは販売会社の略で、生産者が自社で設立した販売専門の会社のことです。つまり、自社製品を中心に取り扱う卸売業です。ヘルスケア業界では、ライオンは卸売業を利用し、花王は自社で販社を保有しています。同じ業界の製造業でも、選択するチャネルメンバーが異なります。
　販社と卸売業それぞれの、メリットやデメリットをみていくことにします。

新たに卸売業と取引を始めるためには、費用や時間が必要です。契約や互いの情報収集にかかる費用や時間です。また取引が始まってからも、売掛金の管理や販売方法等についての管理、さらには取引上の駆け引きなども頻繁に発生します。つまり、時間や手間がかかります。時間や手間のことを、取引コストといいます。卸売業を利用する場合、取引コストが発生します。

　一方、自社で販社を持つ場合、卸売業を利用するときに比べて取引コストは抑えることができます。製造業と販社はグループ企業同士ですから、情報の共有化が図れる上、互いの信頼関係があるのでよけいな駆け引きがありません。そのため、自前で販社を持った方が、取引コストを抑えることができます。しかし、忘れてはならないことがあります。販社を設立する際、多額の資金が必要です。また、卸売業を利用した場合に比べて抑えることができるとはいえ、管理費用が発生します。

　卸売業を利用するか、販社を持つのかという意思決定は、発生するトータルコストを試算して検討することになります。コスト面だけがチャネル選択のポイントではなく、販売力や流通チャネル内での力を分析し、最も効率よく商品を消費者に届けられるチャネルを選択することが重要です。

### (3) 流通システムのパターン

　生産者→卸売業→小売業→消費者は、消費財の典型的な流通システムです。しかし卸売業を介さず、生産者が直接小売業に商品を販売したり、インターネットショップやカタログ販売を通じて、直接消費者に販売する場合もあります。

　産業財の最終顧客は最終消費者ではありませんから、流通システムは部品メーカーや原材料メーカー、加工業者へと流れたり、卸売業や商社を経由する場合もあります。

メーカーから直接消費者に販売する流通システムは、訪問販売やインターネットショップに代表される通信販売以外に、パーティー販売があります。パーティー販売とは、業者が消費者宅でホームパーティーを開いて、ホームパーティーに参加した人に対して、商品を買ってもらう販売方法です。女性の下着や調理器具の販売で見られます。

　流通システムは多様化・複雑化しており、流通システムを理解する際には戸惑う方も多いかもしれません。しかし、見失ってはならないことは、最終目的が消費者に商品を届けることだということです。流通システムを構成しているチャネルメンバーは、互いに独立した存在であるにもかかわらず、相互に依存関係を持ちながら販売するという共通目的によって、商品を流通させているのです。

## (4) マルチ・チャネルの流通システム

　マルチ・チャネルとは、単一の企業がひとつ以上の標的顧客に販売するために、複数の流通チャネルを築くことです。

　消費者市場の場合、標的顧客層1に対しては、ダイレクトメールやカタログを送付して直接販売を行い、標的顧客層2に対しては小売業を通じて販売を行うといった流通システムを採用している企業があります。

　一方、産業財においては、標的企業層1に対しては商社や卸売業を利用し、標的企業層2に対しては、自社の営業担当者が直接販売するという流通システムを採用している企業があります。

　富士通やNEC等のコンピュータメーカーは、コンピュータを産業財として企業に販売する際、販社や商社、人的販売を活用しています。一般消費者に対しては、量販店での販売と、インターネットによる直接販売を行っています。

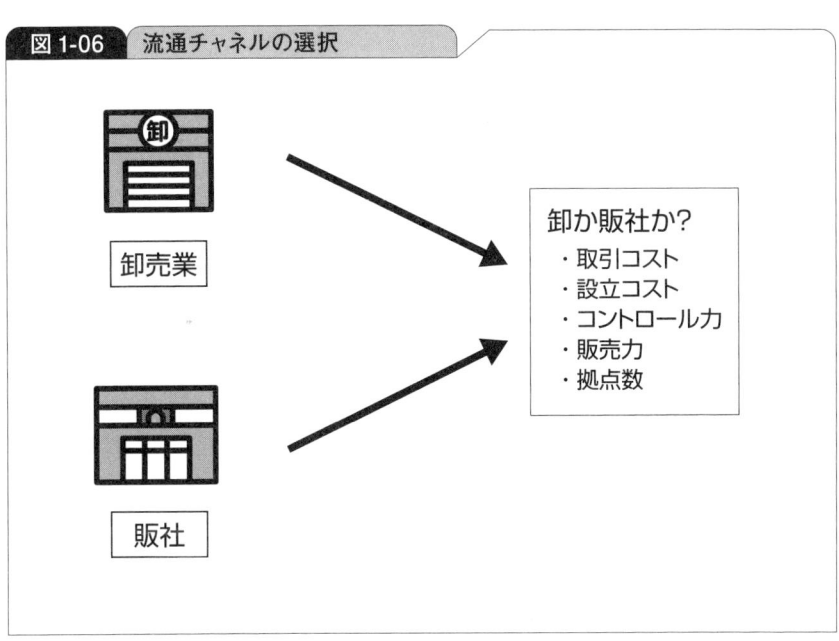

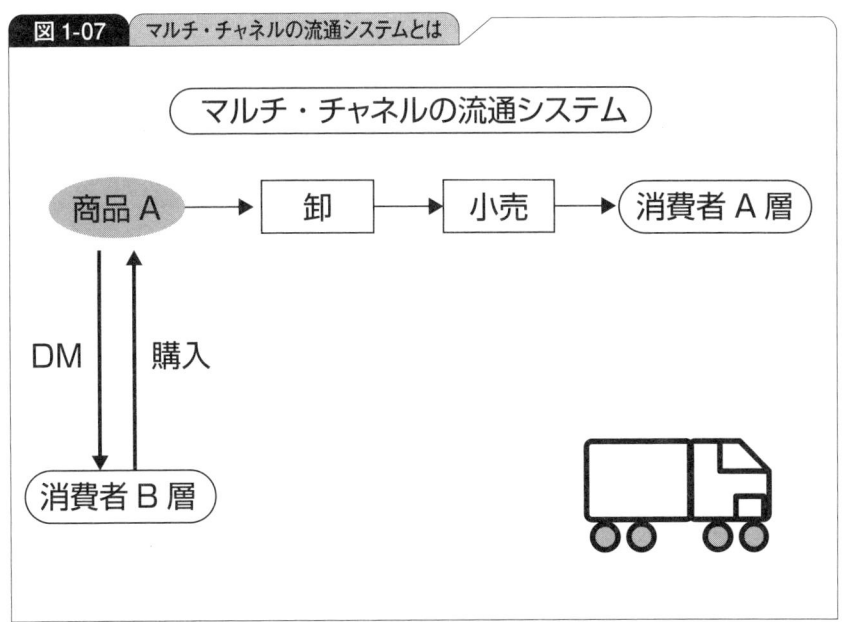

section 5 　流通業界の基本構造

# 卸売業の機能と理論

　卸売業には、「需給調整機能」「助成的機能」「市場移転機能」があります。本sectionでは、卸売業の機能について考察します。

**(1) 需給調整機能**
①卸売業は小売業と生産者の調整役
　需給調整機能とは、卸売業が取引の間に入ることにより、需要と供給のバランスが調整されることです。生産者が商品を生産する際には、商品がどれくらい売れるのか、需要予測を立てて生産を開始します。
　例えば、Aという新商品で考えてみましょう。小売店は、Aという新商品が、客にどれだけ買ってもらえる商品なのかがわかりません。そのため、最初は少しだけAを仕入れて、様子をみながら販売したいと考えます。一方、生産者は一日も早く、新商品Aを小売店の店頭に並べてたくさん売ってもらいたいと考えます。品切れを起こしては大変なので、たくさん製造します。小売店はたくさん商品を抱えたくないと考える一方で、生産者はたくさん出荷したいと考えるため、小売業と生産者それぞれの考えに違いが出てきます。
　そこで、卸売業の出番です。卸売業が、小売業と生産者の間に入り、在庫を持ち調整します。卸売業は、生産者から新商品Aを可能な範囲でたくさん仕入れます。そして小売店に、Aの売れ行きをうかがいながら、少しずつこまめに商品を納入します。つまり、卸売業が小売業の代わりに商品Aを仕入れて、小売業に分納するのです。卸売業が流通チャネルに入ることで、生産者および小売業双方のニーズを満たすことがで

きます。このような機能を、「需給調整機能」といいます。

②卸売業に関するマーケティング理論

　需給調整機能に関しては、「誰が在庫を持つのか？」という問題を卸売業が解決したことになります。小売業がなぜ在庫を持つことを嫌うのかというと、売れないときに困るからです。特に新商品の場合、どれだけ売れるのかがわかりません。逆に、大ヒットして飛ぶように売れた場合、「もっと商品を用意しておけば良かったのに」ということになります。

　売れるか売れないかわからないという不確実性は、流通チャネルの中では必ず起こります。卸売業が、不確実性に対して緩衝材の役目を果たしているのです。マーケティングの世界では、これらの理論を「不確実性プールの理論」といいます。卸売業が、不確実性をプールしているのです。卸売業が介在することによって、小売業が、消費者の望むすべての商品を在庫するより、社会全体の総在庫量が少なくて済むのです。

　卸売業に関するもうひとつの理論が、「取引回数最小化の原理」です。生産者と消費者の間で行われる流通上の総取引回数が、流通経路の中間に卸売業が介在することによって減少するという理論です。例えば、3社の生産者と3店の小売業が取引をしているとします。小売業が、すべての生産者と取引すれば、3×3=9回の取引回数が必要です。間に卸売業が1社入ったとすると、生産者と卸売業との取引回数は1×3=3回、小売業と卸売業との回数は1×3=3回となります。合計6回となり、卸売業が介在しなかったときの9回に比べて、取引回数は大幅に減少します。

③卸売業は商品だけでなく"情報"も扱う

　需給調整機能には、情報伝達機能があります。情報伝達機能とは、製造業の商品情報を小売業に伝えたり、小売業からの情報を製造業に伝えることです。例えば、製造業の新商品の情報を卸売業が小売業に伝えることや、逆に小売業での売れ行きに関する情報を卸売業が製造業に伝え

ることなどがあげられます。売れ行きの良い商品（売れ筋）や売れていない商品（死に筋）に関する情報や、販売方法に関する助言を行うなど、小売業の経営に役立つ情報を提供します。

　生産者と小売業の中間に位置する卸売業には、流通チャネル内の有益な情報が集まります。取引する小売業が多ければ多いほど情報の精度や信頼性も高まり、卸売業からの情報提供に期待がかかります。

## (2)「助成的機能」

　助成的機能の中には、信用供与、流通金融などがあります。

　信用供与とは、信用力の乏しい中小零細店の取引における信用力を補完する機能です。小さな商店が、大企業の冷凍食品メーカーと直接取引をすることはできません。大企業と取引をするためには、それなりの規模や実績が必要だからです。メーカー側にすれば、販売した商品の代金が回収できるかどうか不安です。そこで、生産者と小売業の間に卸売業が介在することで、小売業は卸売業との取引だけを考えれば良く、製造業は卸売業との取引だけを考えれば良くなります。

　中小小売業は、本来なら大企業の製造業とは取引ができないわけですが、卸売業を介することで取引ができるようになります。言い換えると、卸売業が信用力の乏しい小売業の代わりに商品を仕入れてくれることになります。つまり卸売業が、小売業へ信用供与しているといえます。

　流通金融とは、流通チャネル内の金融機能のことをいいます。現金問屋またはキャッシュ＆キャリー業態は別として、通常は小売業との決済は掛取引で行われます。小売業は、顧客とは現金取引になりますが、仕入先である卸売業には1ヶ月分の仕入額をまとめて翌月以降に支払います。つまり、手元にまとまった現金がなくても仕入れができるように、卸売業が立て替えているのです。以上から、流通金融という言葉が生まれました。

## (3) 市場移転機能

　市場移転機能とは、卸売業が生産者と小売業の間に入ることによって商品が動き、地理的・時間的に消費者と生産者との差を埋めることができることです。市場移転機能は、輸送機能と保管機能に分けられます。輸送は商品を運ぶ機能です。北海道の工場で作られたバターが、九州で販売できるのは、この輸送機能があるからです。卸売業が、生産者と小売業の地理的距離を縮めているのです。保管機能は、商品の在庫を持つことです。小売業が、欲しいときにタイムリーに商品を提供できるように在庫を持っておくことです。卸売業が、生産者と小売業の時間的な差を縮めていることになります。

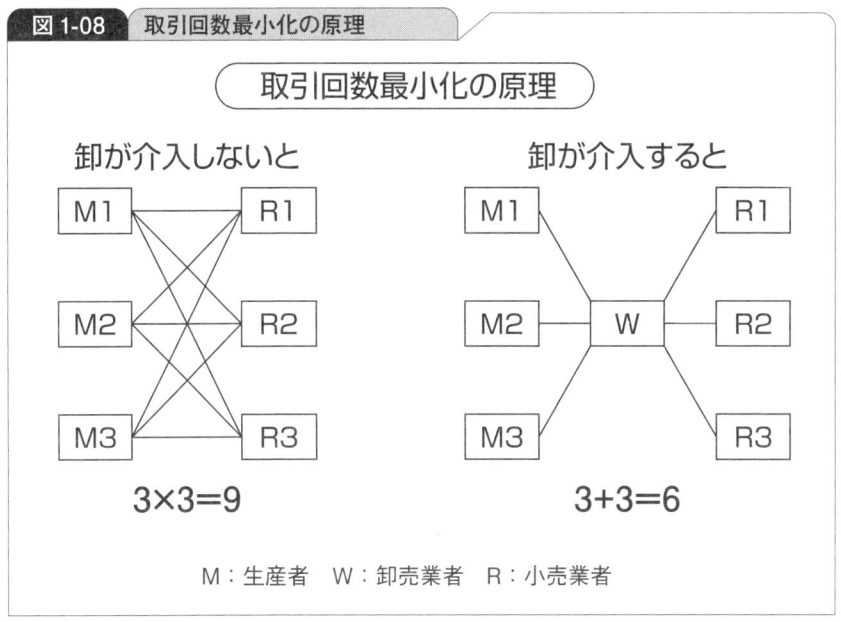

図 1-08　取引回数最小化の原理

M：生産者　W：卸売業者　R：小売業者

section 6　流通業界の基本構造

# 小売業の機能と理論

　前sectionでは、卸売業の機能について考察してきました。本sectionでは、小売業の役割と機能について考察します。

## (1) 小売業の機能
　小売業には、「購買代理人機能」「販売代理人機能」と「アソートメント機能」があります。購買代理人機能とは、小売業が消費者の必要な商品を消費者に代わって仕入れ、家の近くの店に陳列することです。
　販売代理人機能とは、小売業が製造業や卸売業に代わって、消費者に商品を販売することです。製造業が、自社の商品を販売するために、全国津々浦々に自前で店舗を展開することはできません。製造業に代わって、小売業が消費者に商品を販売しているのです。
　アソートメント機能とは、商品の品ぞろえのことです。消費者が商品を購入する際は、単品ではなく品ぞろえを重視します。皆さんが、うどんを購入しても、だし汁やネギ、七味がないと食べられません。一人暮らしなら、どんぶりや箸もそろえなくては「うどんを食べる」ことはできません。小売業は、消費者が最適なアソートメントを形成できるように品ぞろえを支援しているのです。

## (2) 小売業のマーケティング理論
　小売業のマーケティング理論には、「小売の輪の理論」「アコーディオン理論」「フォード効果」などがあります。
①小売の輪の理論

革新的な小売業が市場参入する場合、低価格、低マージン、低ステータスで臨みます。しかし、しだいに成長することによって、低価格、低マージン、低ステータスを維持できなくなり、新たに低価格、低マージン、低ステータスの小売業の参入余地が生まれます。小売の輪の理論は、小売業のサイクルを理論化した仮説です。

　例えば、倉庫を安く借りて、従業員はレジにのみ配置し、安く仕入れた商品だけを販売する小さなスーパーができたとします。近所の住民の間で「あそこの店は安い」という噂が広がり、客がたくさん来たとします。売上も順調に伸び、予定どおりの収益を上げています。

　しかし、開店から1ヶ月もすると、利用客から、もっといろんな商品を置いて欲しい、トイレを設置して欲しい、駐車場を設けて欲しい、などの声があがってきます。このような顧客の声に応えていくと、経費が増えて収益性が低下することはわかっています。

　しかし、既存の顧客が逃げてしまうと困るので、品ぞろえを増やし、駐車場を新たに借ります。このままだと、利益が少なくなってしまうため、今度は店舗数を増やして売上を増やそうとします。店舗が複数になるとチェーン店として、少々家賃が高くても立地の良い場所を選び、折り込み広告を入れるなどで余分な経費がかかり、利益が出にくくなります。

　そして最後は、今までより少し価格を高くしてみようということになり、全国展開のスーパーと比べて、価格に優位性がなくなってしまいます。その間隙をぬって、自店よりも安い価格で商品を販売する小売業が新たに生まれてくるのです。

②アコーディオン理論

　アコーディオン理論とは、品ぞろえを専門化した小売業と、品ぞろえを総合化した小売業が交互に主流となり、それを繰り返すという理論です。品ぞろえの幅が広がったり、狭くなったりすることから、形がアコー

ディオンに似ているため、こう呼ばれています。

　日本の場合、昔、町内に食料品から日用雑貨まで幅広い品ぞろえをする「よろずや」業態の店がたくさんあり、地域になくてはならない存在でした。

　その後、よろずや以外に野菜を専門に扱う八百屋、精肉専門の肉屋、鮮魚専門の魚屋、日用雑貨を専門に扱う荒物屋など、品ぞろえを絞った業種店がたくさんできてきました。業種店は、商店街や市場（いちば）といった商業集積地に立地するようになりました。

　その後、セルフサービスで総合的な品ぞろえをするスーパーマーケットが出現し、消費者は1ケ所で買い物できることの便利さ"ワンストップショッピング"が享受できる業態を好むようになりました。スーパーマーケットは、惣菜、ベーカリー、生花、衣料、家電まで扱い、品ぞろえの幅を広げてきました。近年、再び専門化の動きがみられます。玩具のディスカウント専門店、ドラッグストアの出現、品質にこだわった大衆的な衣料専門店などの出現があげられます。

　最近の小売業はさらに進化を続けており、単純に総合化→専門化→総合化→専門化という繰り返しではなくなってきています。総合化と専門化が同時並行で進む「小売分極化」が進行しているのです。

③フォード効果

　フォード効果とは、消費者の所得の増加が、社会的に贅沢品を品ぞろえする小売業の店舗密度を上昇させ、反対に生活必需品を品ぞろえする小売業の店舗密度を低下させることです。店舗密度とは、人口一人当たりの業種別店舗数のことです。

## 図 1-09　小売の輪の理論

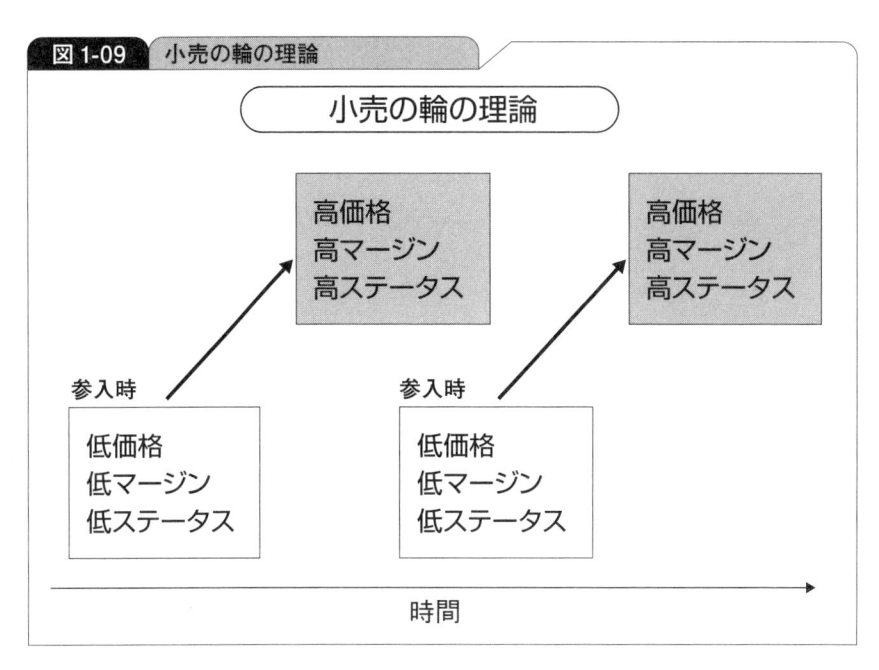

**小売の輪の理論**

参入時：低価格／低マージン／低ステータス　→　高価格／高マージン／高ステータス

参入時：低価格／低マージン／低ステータス　→　高価格／高マージン／高ステータス

時間

## 図 1-10　アソートメントとは

**アソートメント（品ぞろえ）**

「スキヤキを作ろう！」

- 豆腐
- 牛肉
- ネギ
- 白菜
- しいたけ
- しらたき
- …

小売店が品ぞろえで助成

PART 1　流通業界の基本構造

section 1　伝統的チャネル選択
section 2　垂直的なマーケティング・システム
section 3　メーカーと流通業者の共同行動
section 4　流通と法律的環境

# PART 2

# 流通チャネル体系と法律的環境

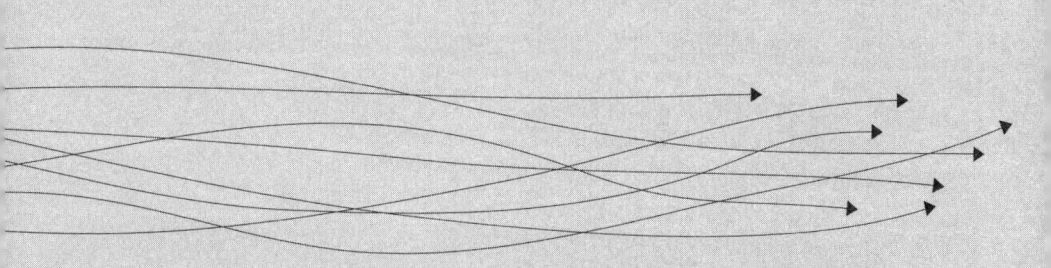

流通チャネル体系を理解し、
チャネル・リーダーの
役割を知る

section 1　流通チャネル体系と法律的環境

# 伝統的チャネル選択

　PART1のsection3のチャネル政策で、チャネル選択について説明しました。本sectionでは、チャネルの選択について詳しく考察します。チャネルの分類基準には、広狭基準、長短基準、開閉基準の3つがあります。

## (1) 伝統的なチャネル政策（広狭基準）

　伝統的なチャネル政策では、チャネルを広いチャネルか狭いチャネルかで分類します。広いチャネルとは、一定地域にたくさんの流通業者を配置し、自社の商品を扱ってもらうことをいいます。狭いチャネルとは、特定地域の限定された流通業者に絞って、自社の商品を扱ってもらうことをいいます。コープランドによる伝統的なチャネル政策は、「開放的チャネル政策」「限定的チャネル政策」「閉鎖的チャネル政策」の3つに分けられます。

①開放的チャネル政策

　製品の取り扱い業者の数や範囲を限定せず、あらゆる利用可能なチャネルに広範囲に販売しようとする政策です。得意先の選定を意図しないで、取引の条件が合えば承諾します。消費者の購買頻度の高さに適合させるため、多くの小売店に配荷できるように、多くの流通業者との取引を行います。食品や日用雑貨品などの最寄品で多く採用されています。

②限定的チャネル政策

　販売業者（主にメーカー）が、特定の地域に対して一定の条件を備えた業者を選定し、商品を優先的に販売する政策です。選定された業者は、競合商品も扱います。そのため、限定的チャネル政策を採用する企業は、

取引先からの自社商品に対するロイヤルティ（愛顧心）を高める必要があります。制度面における条件設定や、教育訓練等による有効な動機づけを継続的に実施します。3つのチャネル政策の中では、中間的な特徴を持っており、化粧品や医薬品などの買回品や最寄品などで採用されています。

③閉鎖的チャネル政策

　専売的チャネルや排他的チャネルとも呼ばれています。これは、販売業者（主にメーカー）が自社商品のみを取り扱う業者を選定し、商品を販売する政策です。ブランドイメージの維持や、消費者に対して高いサービスが提供できるように小売業を限定します。具体的には、専売制度や販社制度の名称で展開されています。3つのチャネル政策の中では、メーカーのコントロール力が最も強いのが特徴です。自動車や家電などの専門品、一部のファッション・ブランドで採用されています。

## (2) 長短基準

　チャネルの長さで、チャネルを分類します。チャネルが長い状態とは、流通業者が多段階な状態です。チャネルが短い状態とは、直接流通の形態です。チャネルの長短を業種別でみると、単価の高い鉄鋼や産業用機械などの産業財は、比較的短いチャネルで取引されています。消費財のうち、住宅や自動車は短いチャネルで取引されています。

　チャネルの長い業種には、一般消費財があげられます。一般消費財の中では特に最寄品で、流通業者が多段階になる傾向があります。チャネルが短いと、生産業者のチャネルに関与する割合は高くなります。逆に、チャネルが長いと、チャネルに関与する割合は低くなります。製造業は、チャネルに関与する割合が高くなればなるほど、チャネル活動にかかるコストは高くなります。逆に、チャネルに関与する割合が低くなるほど、チャネル活動にかかわるコストは低くなります。チャネルが短い鉄鋼や

**図2-01** チャネルの分類基準

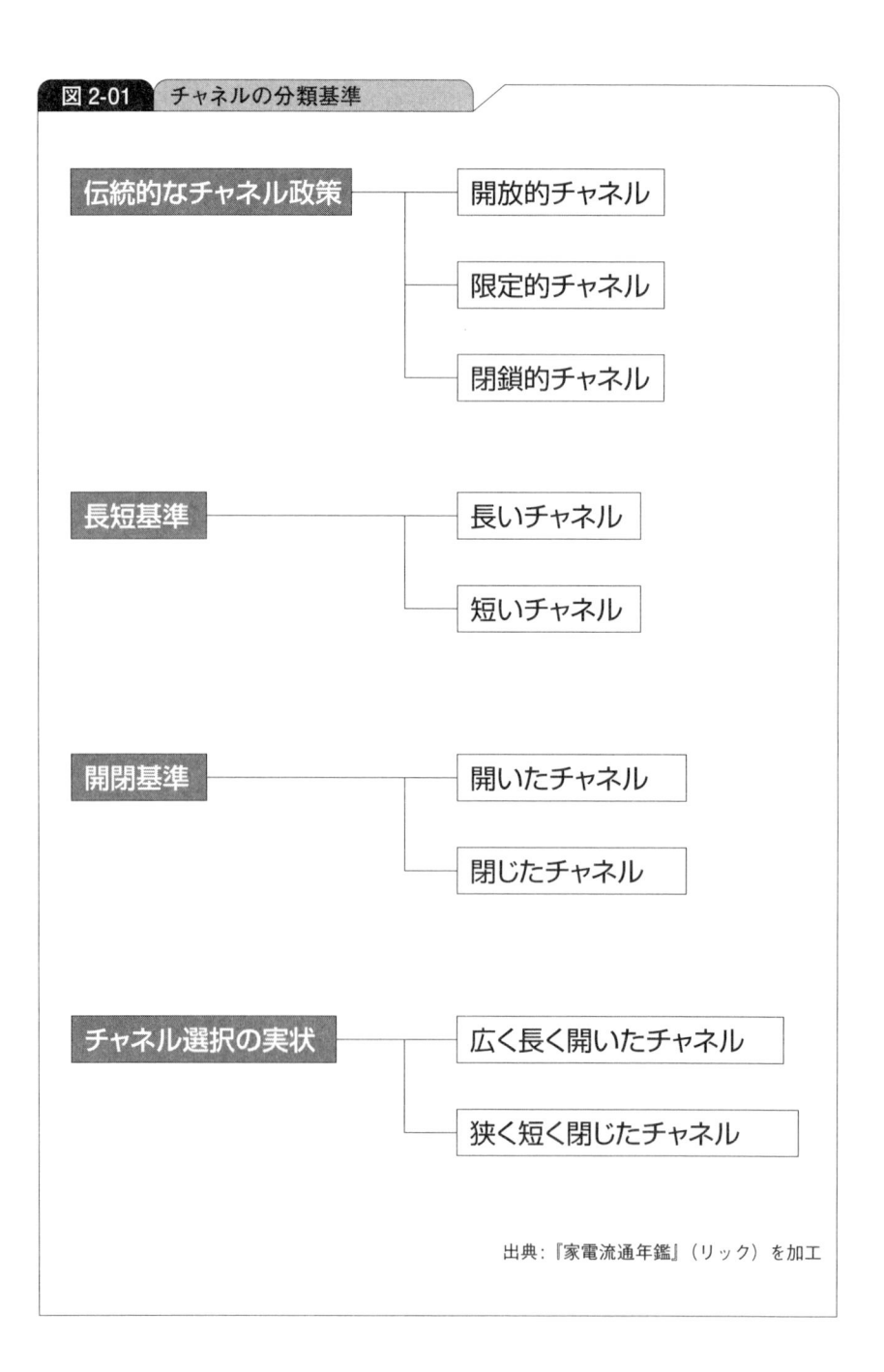

- 伝統的なチャネル政策
  - 開放的チャネル
  - 限定的チャネル
  - 閉鎖的チャネル

- 長短基準
  - 長いチャネル
  - 短いチャネル

- 開閉基準
  - 開いたチャネル
  - 閉じたチャネル

- チャネル選択の実状
  - 広く長く開いたチャネル
  - 狭く短く閉じたチャネル

出典:『家電流通年鑑』(リック) を加工

産業用機械、自動車等はチャネル活動にコストがかかっても、それを相殺するだけの十分な規模の取引があります。チャネルが長い一般消費財は、中間の流通業者にチャネル活動にかかるコストを転嫁することができるため、自社負担は軽く済みます。

### (3) 開閉基準

　チャネル分類の開閉基準とは、生産業者（主にメーカー）が特定の販売業者を販売の窓口として、どれだけ依存しているのかの度合によって分類されます。特定メーカーの商品を専門に販売する流通業者は、「閉じたチャネル」です。複数のメーカーの商品を販売する流通業者は、「開いたチャネル」です。

　「閉じたチャネル」の典型例が、自動車や高級ファッション・ブランドです。トヨタのディーラーでは、トヨタの自動車が販売されており、他のメーカーの車がショールームに並ぶことはありません。高級ファッション・ブランドは、高級感というブランドイメージが大切ですから、扱う店舗や従業員にこだわります。店舗は一等地に立地し、洗練された接客サービスが提供できる場合のみ取り扱います。実際には、直営店やデパートでの販売がメインとなっています。

### (4) チャネル選択の実状

　伝統的なチャネル政策、長短基準、開閉基準についてみてきましたが、チャネル選択の実状はもう少し複雑です。一般的に食料品や日用雑貨などの最寄品は、「広く、長く、開いた」チャネルが選択され、専門品の自動車や高級ファッション・ブランド品は、「狭く、短く、閉じた」チャネルが選択される傾向があります。

section 2　流通チャネル体系と法律的環境

# 垂直的なマーケティング・システム

　前sectionでは、チャネル選択の基準を「伝統的なチャネル政策」「長短基準」「開閉基準」でみてきました。本sectionでは、チャネル・システムの違いによる分類を考察します。チャネル・システムは、伝統的な流通チャネル（CDC:Conventional Distribution Channel）や垂直的マーケティング・システム（VMS:Vertical Marketing System）に分類できます。チャネル・リーダーについても考察します。

### (1) 伝統的な流通チャネル（CDC:Conventional Distribution Channel）

　伝統的な流通チャネル（CDC）とは、チャネル構成員の製造業（メーカー）、卸売業、小売業がそれぞれ距離を置きながら緩やかに結びついて、取引では攻撃的な交渉を行うが、それ以外では自立的に行動する個別分散型ネットワークのことです。

　流通段階が多段階な繊維や菓子などの最寄品業界では、伝統的な流通チャネルが多くみられます。

### (2) 垂直的マーケティング・システム（VMS:Vertical Marketing System）

　垂直的マーケティング・システム（VMS）とは、製造段階、卸売段階、小売段階のうち、2つ以上の段階が強く結びついて、運営の効率性や市場成果の極大化を達成するために、あらかじめ計画された専門的な管理のもとで、集中的にプログラム化された仕組みのことです。

　垂直的マーケティング・システムは、伝統的な流通チャネルよりも長期的な取引関係を目指したチャネル政策です。市場取引コストを削減す

る場合、CDCよりVMSの方が有利です。CDCに比べてVMSは、流通チャネル内を管理する仕組みが整っているからです。

### (3) 垂直的マーケティング・システムの分類

垂直的マーケティング・システムには、「企業型VMS」「契約型VMS」「管理型VMS」の3つがあります。

①企業型VMS

同一資本の下で、チャネル内の異なる流通段階が統合されたシステムです。レギュラーチェーンやメーカーが設置する自社の卸売部門・小売部門、小売業が設置する自社の卸売部門・製造部門などがあります。小売部門を設置した山崎製パンや、資生堂の自社の販社の利用などの例があります。

②契約型VMS

異なる資本の下で、異なる流通段階が契約によって統合されたシステムです。フランチャイズ・システムや、卸売業主宰のボランタリーチェーン、小売業主宰のボランタリーチェーンなどがあります。契約は、本部と加盟店で結びます。

③管理型VMS

異なる資本の下で、異なる流通段階の企業が力関係によって結びつきを強め、管理的に統合されたシステムです。店頭にメーカーの看板を掲げた、化粧品店や家電店などが一般的です。

3つのVMSの中では、企業型VMSが最もコントロール力が強く、長期的な視点に立った戦略を策定できます。一方、自社内に組織を持つための投資が必要です。

管理型VMSは、自社内に組織を持たないため、投資を抑えることができますが、チャネル内のコントロール力は最も弱くなります。契約型VMSのような厳密な契約を交わしていないため、環境変化に対して機

動的な意思決定ができます。

　契約型VMSは、企業型VMSと管理型VMSの中間くらいのコントロール力と機動性を持っています。

### (4) チャネル・リーダー

　チャネル・リーダーとは、流通チャネル管理上で、主導権を握る企業のことです。チャネル・キャプテン、チャネル・コマンダーともいいます。

　これは、流通チャネルを構成する特定のメンバーが他のメンバーのマーケティング戦略を管理する強力な指導権を持ち、リーダーシップを発揮することです。自動車や家電、化粧品業界などは、メーカーがチャネル・リーダーとして流通チャネルを管理してきました。

　流通チャネルの管理とは、チャネル・リーダーによって流通チャネルが適切に管理・運営されることです。チャネル選択に関する最適な意思決定がなされ、選択・構築された流通チャネルが最大の効果を発揮します。

　チャネル・リーダーは、製造業者（メーカー）であるとは限りません。卸売業や、大手スーパーなどの大規模小売業者がなることもあります。

　日本の流通業界は、戦前は卸売業者がチャネル・リーダーでしたが、戦後は大規模メーカーが取って代わりました。大規模メーカーは、大量生産体制により流通を系列化し、メーカー主導で流通チャネルを管理してきました。

　現在、大規模小売業者が、強力なバイイングパワーを背景に流通チャネルを管理しています。

### 図 2-02　垂直的マーケティング・システム

垂直的マーケティング・システム（VMS）

- **企業型 VMS**
  - ・レギュラーチェーン
  - ・販社
  - ・直営小売店

- **契約型 VMS**
  - ・フランチャイズ・システム
  - ・ボランタリーチェーン

- **管理型 VMS**
  - ・化粧品店
  - ・家電店

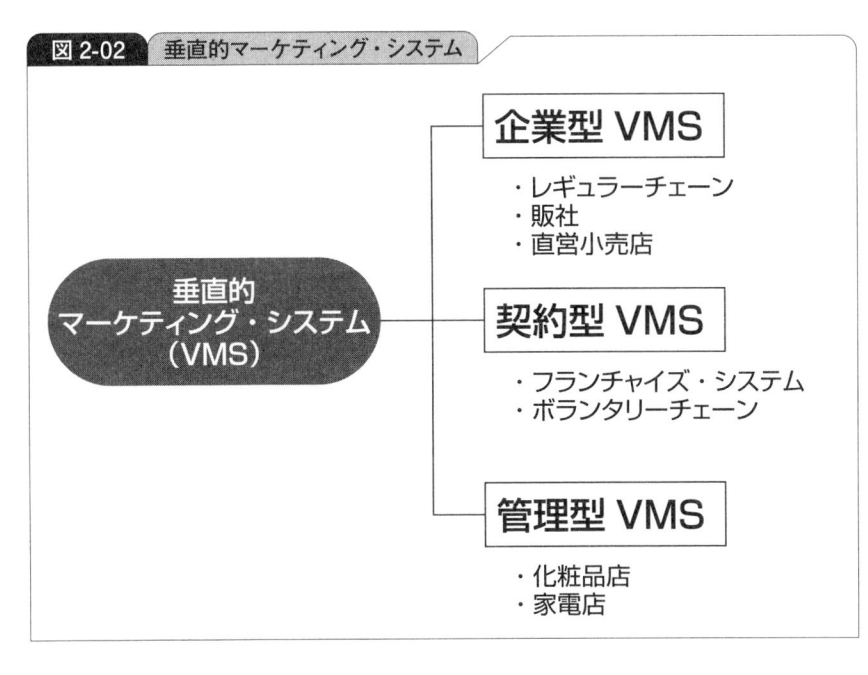

### 図 2-03　チャネル・リーダーの変遷

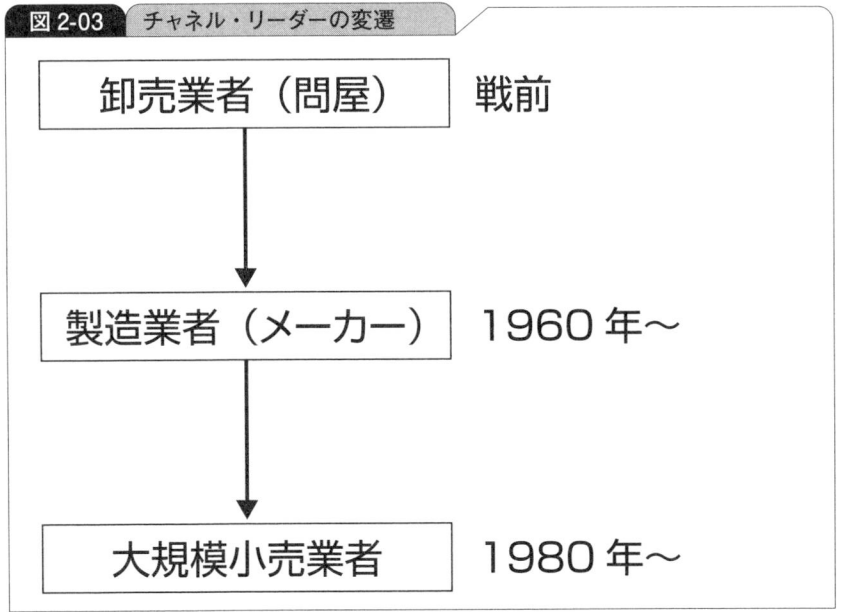

| 卸売業者（問屋） | 戦前 |
| ↓ | |
| 製造業者（メーカー） | 1960年〜 |
| ↓ | |
| 大規模小売業者 | 1980年〜 |

section 3　流通チャネル体系と法律的環境

# メーカーと流通業者の共同行動

　近年のチャネルをめぐる環境変化は、流動的で目が離せない状態が続いています。本sectionでは、チャネル内でのメーカーと流通業者に注目し、互いの共同行動を考える上で重要な「延期-投機の理論」について考察します。

## (1) 延期-投機理論

　延期-投機の理論は、バックリン（L.P.Bucklin）が提唱した理論で、流通チャネル間で生じるリスクの負担について考察しています。流通チャネル間でのリスク負担が最適化されたときに、理想的な流通システムになると指摘しています。

## (2) 見込み生産と受注生産

　皆さんが普段、小売店で商品を買うときには、店頭に並んでいる商品を購入します。品切れしたり、取り扱っていない場合、取り寄せることもあるでしょう。一方、オーダーメイドのスーツやレストランでステーキを注文した場合、注文を受けてから店が作り始めます。店頭に並んでいる商品は前もって生産されていて、オーダーメイドのスーツは注文を受けてから生産を開始しています。

　読者の皆さんがA店でXというシャンプーを買ったとします。店の人は事前に、誰かがXを買いに来ると予想して卸売業から商品を仕入れていたことになります。卸売業は、A店がXを仕入れるだろうと予想して、事前にXを生産しているメーカーに発注していたといえます。同様

に、Xを生産しているメーカーは、卸売業から注文が入ることを予想して、事前にXの生産を開始していたといえます。

　一方、オーダーメイドの洋服店では、作った後で売れなければ、生地と手間が無駄になりますから、注文が来てから生産する方式をとっています。注文が入る前から注文を予想して生産を開始する場合と、実際の注文が入ってから生産を開始するという違いがあります。注文が入る前に生産を開始する方法を「見込み生産」、注文を受けてから生産を開始する方法を「受注生産」といいます。延期と投機を考える際には、見込み生産と受注生産の概念が重要です。

### (3) 延期、投機とは

　延期とは、生産と消費の間において、受注が見込めるまで可能な限り製品仕様の確定や在庫ストックを先延ばしする考え方です。逆に投機とは、受注を待たず、できるだけ前倒しで製品仕様の確定や在庫ストックを保有する考え方です。

　延期は、受注の把握ができるギリギリまで生産を延期するという考え方で、受注生産に近いといえます。一方、投機は、受注を待たずにできるだけ早く製品を生産するという見込み生産の考え方です。延期の考え方は、消費者ニーズに近い形で生産・流通体制ができ上がり、投機の考え方は、計画的にまとめて生産できるなど、規模の経済性を享受することができます。

### (4) 生産と流通 (時間軸)

　延期か投機かという意思決定は、生産だけではなく流通にも意思決定が必要となってきます。生産と流通に関して、延期と投機を時間軸でみていきましょう。

　生産に関しては、生産を開始するタイミングと受注を把握するタイミ

ングによって、見込み生産と受注生産に分けました。延期を受注生産、投機を見込み生産というモデルに当てはめました。

　次に、流通に関して延期と投機を考えてみましょう。流通では、店頭に商品が届くまでの時間（納品リードタイム）が考察のポイントです。受注を把握していない状態から前倒しで商品の手配をする場合、投機の考え方になります。一方、発注を購買のギリギリまで引き延ばす場合は延期の考え方になります。

　投機の考え方の場合、発注間隔（発注サイクル）が長くなり、その分1回当たりの発注量も多くなります。逆に、延期の考え方の場合、消費者の需要に対して、敏感に反応しながら、少しずつ発注していくことになるため、発注サイクルは短くなります。

## (5) 投機と延期（空間軸）

　次に、延期か投機かを空間軸で考察します。

　空間とは場所のことです。どこで？　という概念で考えます。

　最初に、生産における空間をみていきます。投機の場合は、見込み生産するわけですから、規模の経済性が活かせるように1ヶ所で集中して生産する集中生産モデルが考えられます。

　また延期の場合は、消費者の注文に応じての生産が考えられますから、流通時間を考慮して消費者に近い場所で生産する分散型生産モデルが考えられます。

　次に、流通における空間を考察します。生産ではどこで生産するかということでしたが、流通ではどこに在庫するかを考察します。投機の場合は、流通経路内で消費者から遠い場所からの発注となるため、在庫は店舗から離れた場所での集中在庫のモデルが考えられます。一方、延期は消費者から近い場所での発注となるため店舗ごとの在庫となる、分散在庫のモデルとなります。

分散在庫では、在庫拠点が増えるため、各拠点の安全在庫を見込み、全社的な在庫水準は高くなります。集中在庫の場合、在庫拠点が少ないため、在庫水準は低くなります。

**図 2-04　延期－投機の理論**

| | | 生産 | 流通 |
|---|---|---|---|
| 時間軸 | 投機 | 見込み生産 | 発注サイクルが長い |
| | 延期 | 受注生産 | 発注サイクルが短い |

| | | 生産 | 流通 |
|---|---|---|---|
| 空間軸 | 投機 | 集中生産 | 集中在庫 |
| | 延期 | 分散生産 | 分散在庫 |

出典：『現代流通』矢作敏行著（有斐閣アルマ）
　　　『マーケティング戦略』和田充夫、恩蔵直人、三浦俊彦著（有斐閣アルマ）を加筆修正

section 4　流通チャネル体系と法律的環境

# 流通と法律的環境

　既に、流通チャネル間のパワー関係についてみてきましたが、本sectionでは、独占禁止法から流通チャネル間での取引の制限について考察します。

**(1) 独占禁止法**
　「独占禁止法」は、「独禁法」と省略されます。正式名称は、「私的独占の禁止及び公正取引の確保に関する法律」です。独占禁止法の目的は、公正かつ自由な競争を促進し、消費者の利益を確保するとともに、国民経済の民主的で健全な発達を促進することです。独占禁止法の管轄は公正取引委員会であり、独占禁止法では、「私的独占の禁止」「不当な取引制限の禁止（カルテルの禁止）」「不公正な取引方法の禁止」の3つの行為を禁止しています。

**(2) 私的独占の禁止**
　「私的独占」とは、有力な企業が他の企業を排除したり支配することによって、適正な競争ができない状態を作り出すことです。
　具体的には、他の企業の活動に制限を加えたり、新規参入を阻害したりすることを指します。市場シェアや株式保有、役員の兼任、M&Aなどにより、独占的状態が形成される場合、独占禁止法によって制限を受けます。

**(3) 不当な取引制限の禁止（カルテルの禁止）**

「カルテル」とは、複数の同業者が共同して生産量や価格について協定や合意を結び、競争の制限や市場の支配を企てることです。この協定や合意を実施し、特定の取引分野において競争が制限された場合には、違法と判断されます。競争が制限されることで「消費者が高い価格を押しつけられる」被害を受けるからです。カルテルと認定された場合、違法行為の差止め、課徴金の徴収をはじめ、損害賠償を請求されたり、刑事事件とされることがあります。カルテルには、次の4種類があります。

①価格カルテル：価格の同調的な値上げや価格維持など
②数量カルテル：供給数量制限を行う場合
③取引先制限カルテル：競争者との共同ボイコット、共同の顧客獲得競争など
④入札談合：公共事業における談合

### (4) 不公正な取引方法の禁止

「不公正な取引方法の禁止」とは、私的独占やカルテルに該当しないものの、競争に悪影響を与える行為のことです。流通やマーケティングに関係する行為類型が多く含まれます。

### (5) 独禁法のガイドライン

独禁法のガイドラインでは、独禁法上で違反となる行為類型を明示しています。

①再販売価格維持行為

事業者が、市場の状況に応じて自己の販売価格を自主的に決めることは、事業者の事業活動において最も基本的な事項であって、事業者間の競争と消費者の選択が確保されます。メーカーがマーケティングの一環として、または流通業者からの要請を受けて、流通業者の販売価格を拘束するような行為は、原則として不公正な取引方法として違法となりま

す。
②非価格制限行為

　非価格制限行為とは、価格以外の内容に関して制限をかける行為のことです。具体的には、メーカーが流通業者の競争品の取り扱い、販売地域、取引先、販売方法に関する制限をかけることです。

③リベートの供与

　独禁法は、リベート自体を禁止しているわけではありませんが、以下のようなリベートは、独禁法上問題となる場合があります。

　（a）流通業者の事業活動に対する制限の手段としてのリベート
　（b）占有率（シェア）リベート
　（c）著しく累進的なリベート
　（d）帳合取引の義務づけとなるリベート

④流通業者の経営に関する関与

　メーカーの流通業者に対する経営への関与は、その方法や程度によって流通業者の事業活動を制限し、流通業者に不当に不利益を与えることになり、独占禁止法上問題となることがあります。

⑤小売業による優越的地位の濫用行為

　事業者が、どのような条件で取引するかは、基本的に取引当事者の自主的な判断に委ねられるものです。しかし、小売業が納入業者に対して取引上優越した地位にある場合、その地位を利用して以下の行為をした場合には、優越的地位の濫用における公正な競争が阻害される恐れがあるとして、独占禁止法上問題となることがあります。

　（a）押し付け販売
　（b）返品
　（c）従業員等の派遣の要請
　（d）協賛金等の負担の要請
　（e）多頻度小口配送等の要請

図 2-05　流通と法律的環境

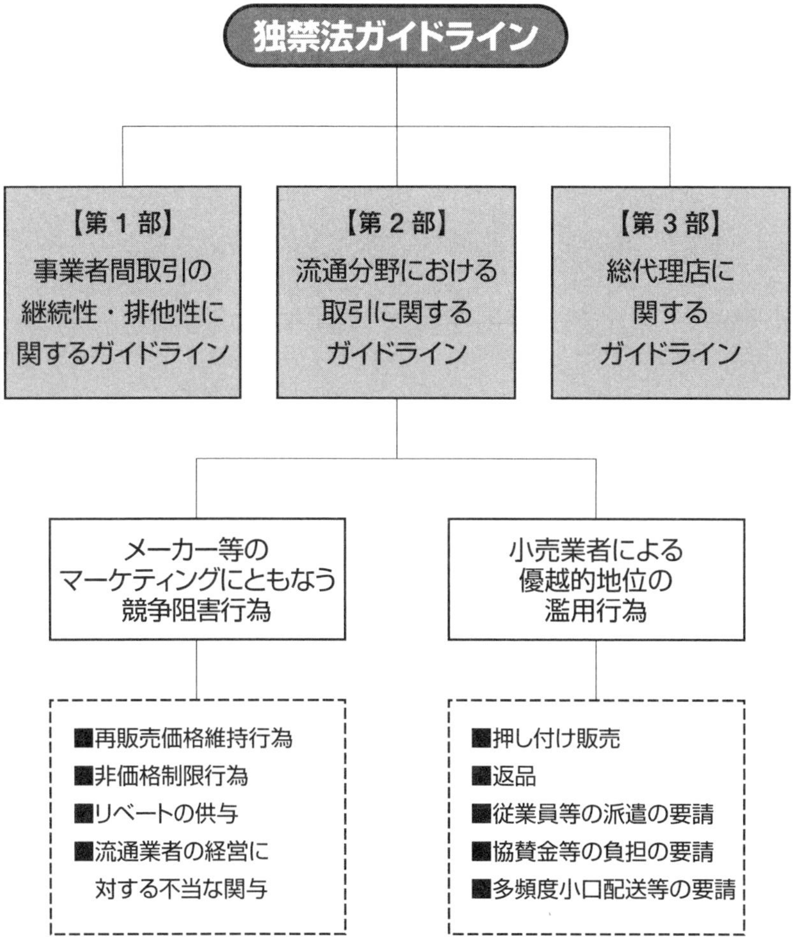

## 独禁法ガイドライン

- 【第1部】事業者間取引の継続性・排他性に関するガイドライン
- 【第2部】流通分野における取引に関するガイドライン
- 【第3部】総代理店に関するガイドライン

【第2部】の内訳：

**メーカー等のマーケティングにともなう競争阻害行為**
- ■再販売価格維持行為
- ■非価格制限行為
- ■リベートの供与
- ■流通業者の経営に対する不当な関与

**小売業者による優越的地位の濫用行為**
- ■押し付け販売
- ■返品
- ■従業員等の派遣の要請
- ■協賛金等の負担の要請
- ■多頻度小口配送等の要請

出典：公正取引委員会のホームページ
http://jftc.co.jp/dk/ryutsutorihiki.html より図表化

PART 2　流通チャネル体系と法律的環境

section 1 　専売店制
section 2 　一店一帳合制
section 3 　テリトリー制
section 4 　建値制とオープンプライス制
section 5 　リベートとアロウワンス

# PART 3

# 流通系列化と価格体系

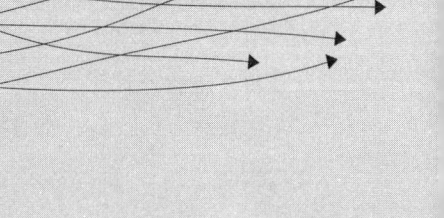

密接な関係がある
流通系列化と
価格体系

section 1 　流通系列化と価格体系

# 専売店制

　日本の小売業は、さまざまな業種ごとに、メーカー主導による系列化を経て発展してきました。メーカー系列店の代表的なものに、かつて「ナショナルショップ」と呼ばれていた街の電気店があります。松下電器産業が、「パナソニック」への社名変更にともない、「パナソニックショップ」という名前に変わりました。2007年時点で、全国に約18,000店のパナソニックショップがありました。大型家電量販店全盛の時代ですが、パナソニック製品の3割以上を、全国の系列店が扱っています。パナソニックに代表されるメーカーは、なぜ系列店を組織化するのでしょうか。

### (1) 専売店制の導入

　専売店制とは、販売業者に特定メーカーの製品以外の取り扱いを禁止する制度であり、流通系列化の一手法です。日本の流通系列化の歴史を、家電メーカーのパナソニックを例にみていきましょう。パナソニックの前身である松下電器産業は1918年の創業です。その頃、日本の家電業界では、激しい価格競争が行われていました。メーカー間競争のみならず、卸間、小売間の乱売合戦が隆盛を極めていました。当時はまだ中小企業だった松下電器産業は、卸売店と小売店の系列化に取り組みました。

　メーカーの支配力を強めることで価格競争を回避し、適正利潤の確保による、メーカー、卸売業者、小売業者の共存共栄を図ったのです。系列化は、松下電器産業を含めた家電業界のみならず、さまざまな業界で形成され、戦後日本の経済成長を支えてきました。

## (2) 量販店の台頭

　日本の商慣行として定着した系列取引ですが、系列に属さない家電量販店の影響力が大きくなってきました。巨大な売場と圧倒的な品ぞろえを誇る家電量販店は、メーカーにとって無視できない存在です。1980年代の半ばには、家電メーカーの売上に占める系列店のシェアは50%を切りました。松下電器産業(現・パナソニック株式会社)を例にとると、1996年には58%を占めていたものが、系列小売店のシェアは、2007年時点で35%にまで落ち込んでいます。

　価格の安定を大きな目的とする専売店制ですが、価格決定のリーダーシップは、完全に量販店に握られています。1980年代半ばから、家電量販店の勢いが増す一方、メーカー系列店の存在感は徐々に低下しました。

　パナソニックは、業界の中でも特に強い系列販売網を敷いていただけに、家電量販店への移行は簡単には進みませんでした。量販店に多くの販売を依存することは、系列店の売上を圧迫することにつながります。系列店全体をひとつのグループとして考えてきたパナソニックにとって、量販店への販売強化は、系列販売店との信頼関係を崩しかねません。しかし、強い系列店網を持つパナソニックでも、家電量販店との関係は無視できない状況になっています

　この対応策として、量販店との一括商談制が導入されました。個々の商品について交渉するのではなく、メーカーの商品全体について交渉すれば、大きな影響力を持ちます。特に、プラズマテレビなどの訴求力のある商品があれば、他の商品に関する交渉も有利に進めることができます。量販店での販売動向を把握するために、サプライチェーンマネジメント（SCM:PART8 section5）の導入も進んでいます。

## 図 3-01　家電系列販売店の推移

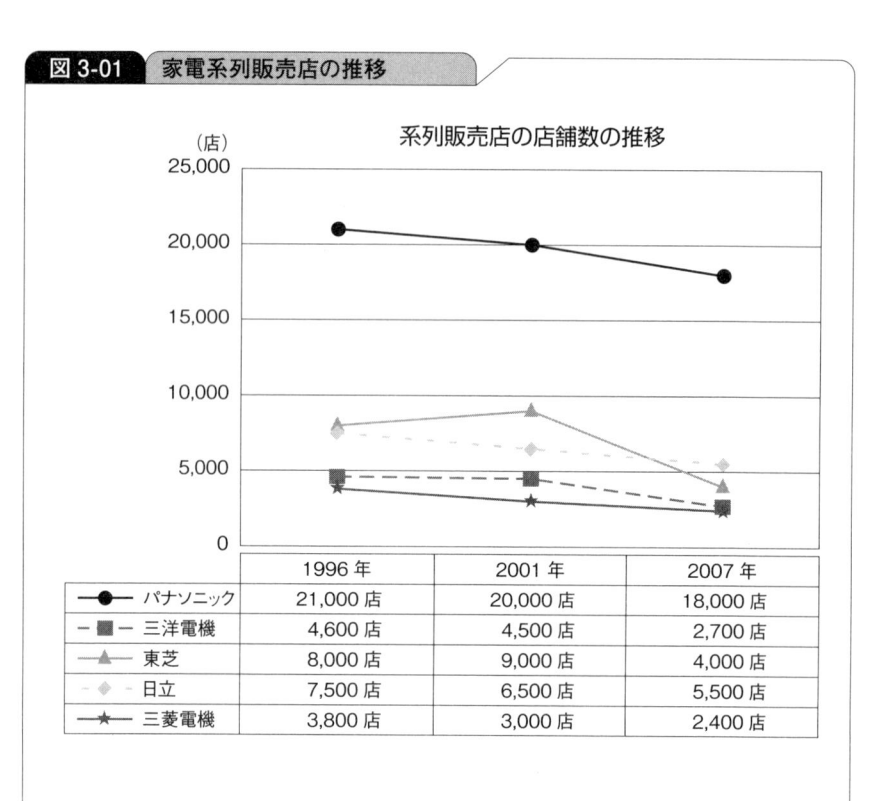

### 系列販売店の店舗数の推移

| | 1996 年 | 2001 年 | 2007 年 |
|---|---|---|---|
| パナソニック | 21,000 店 | 20,000 店 | 18,000 店 |
| 三洋電機 | 4,600 店 | 4,500 店 | 2,700 店 |
| 東芝 | 8,000 店 | 9,000 店 | 4,000 店 |
| 日立 | 7,500 店 | 6,500 店 | 5,500 店 |
| 三菱電機 | 3,800 店 | 3,000 店 | 2,400 店 |

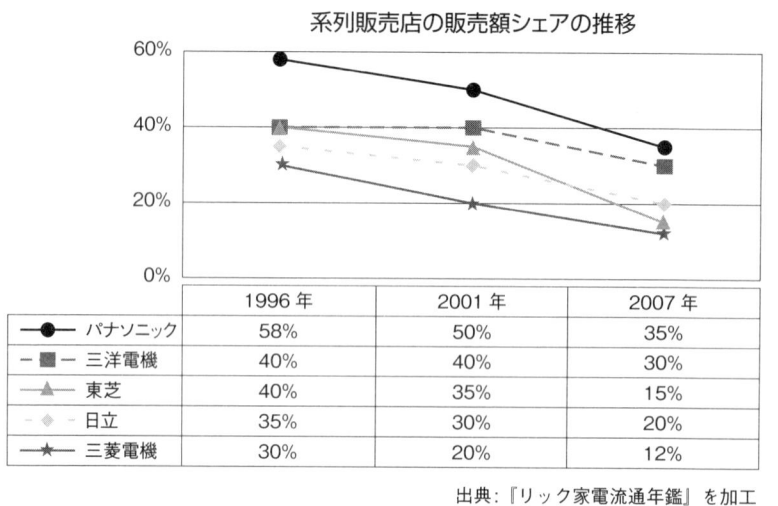

### 系列販売店の販売額シェアの推移

| | 1996 年 | 2001 年 | 2007 年 |
|---|---|---|---|
| パナソニック | 58% | 50% | 35% |
| 三洋電機 | 40% | 40% | 30% |
| 東芝 | 40% | 35% | 15% |
| 日立 | 35% | 30% | 20% |
| 三菱電機 | 30% | 20% | 12% |

出典:『リック家電流通年鑑』を加工

### (3) 専売店の可能性

　家電量販店全盛の現在、専売店に活路はないのでしょうか。パナソニックは、他の家電メーカーと比べて系列店の販売シェアが高く、大きな強みになっています。2003年4月から、パナソニックは「スーパープロショップ」制度を始めました。現在は「スーパーパナソニックショップ（SPS）」と名称を変更しています。

　SPSは、系列店の中でも特に強い販売力のある店舗を認定したもので、全国に約5,000店舗あります。約18,000店の系列店の中から、特に意欲のある店舗を選別し、支援プログラムを行っています。顧客の高齢化と、2011年に控えた地上波デジタル放送への完全移行を追い風に、地域密着のサポート体制を強みとする地域系列店が注目されています。

　SPSは、新発売の高級家電販売で、家電量販店に対する優位性を保っています。新商品の値引き販売が量販店で行われる前の段階で、量販店よりも安い価格で販売する戦略をとっています。すべての商品で量販店と価格競争することは、系列店にとっては無理な話ですが、発売直後の一定期間のみ、系列店が価格面で優位に立てるのです。家電の高機能化、デジタル化によって、製品の据え付けや設定だけでも、高齢の消費者には難しい面があります。このような需要に対し、地域に根ざしたアフターサービスで生き残りを図っています。

　SPSは家電の他、住宅のオール電化へのリフォームの受け付け窓口にもなっています。アフターサービスで築いた顧客との信頼関係を、リフォームの受注につなげているのです。オール電化へのリフォームは、家電よりも受注単価は高く、大きな売上となります。家電の販売を入口として、大きな売上につなげる仕組みを作っています。パナソニックの系列化は、全系列店を幅広く平等にサポートする体制から、意欲と力のある系列店に対して、より強いサポートをする体制に変化しています。

section 2　流通系列化と価格体系

# 一店一帳合制

　一店一帳合制は、メーカーが小売店に対して仕入先の卸店をひとつに限定させる制度で、メーカーによる流通系列化の一手段です。専売店制同様、メーカーの各流通段階への影響力を強め、ブランドイメージの維持や、卸店の過当競争を防止することが目的です。

　一店一帳合制は、再販売価格維持行為につながるため、独占禁止法に抵触することがあります。再販売価格維持行為とは、メーカーが卸店や小売店などの流通業者に対し、販売価格を制限する行為です。

　かつては、化粧品、染毛料、歯磨粉、石けん、医薬品、雑酒、キャラメル、カメラ、既製ワイシャツなどが、再販売価格維持を適法とする品目として定められていました。現在、新聞や書籍など、一部の商品に制限されています。

### (1) 一店一帳合制のメリット

　なぜ、一店一帳合制のような取引慣行を作るのでしょうか。メーカーにとっては、価格競争を防止し、自社のブランドイメージや販売価格を維持することができます。卸売業者にとっては、販売先の小売店を獲得するための競争を回避することができ、安定的な売上を確保することができます。

　このようなメリットから、長期安定的な取引を前提とする商慣行の中で、一店一帳合制が採用されてきました。しかし一店一帳合制は、現在の独占禁止法で違法となる可能性があるため、現在ではあまり行われていません。

**図3-02** 一店一帳合制

制限のない取引

```
        メーカー
       /       \
   卸売業者    卸店
   /  |  \   /  |  \
 小売店 小売店 小売店
```

一店一帳合制

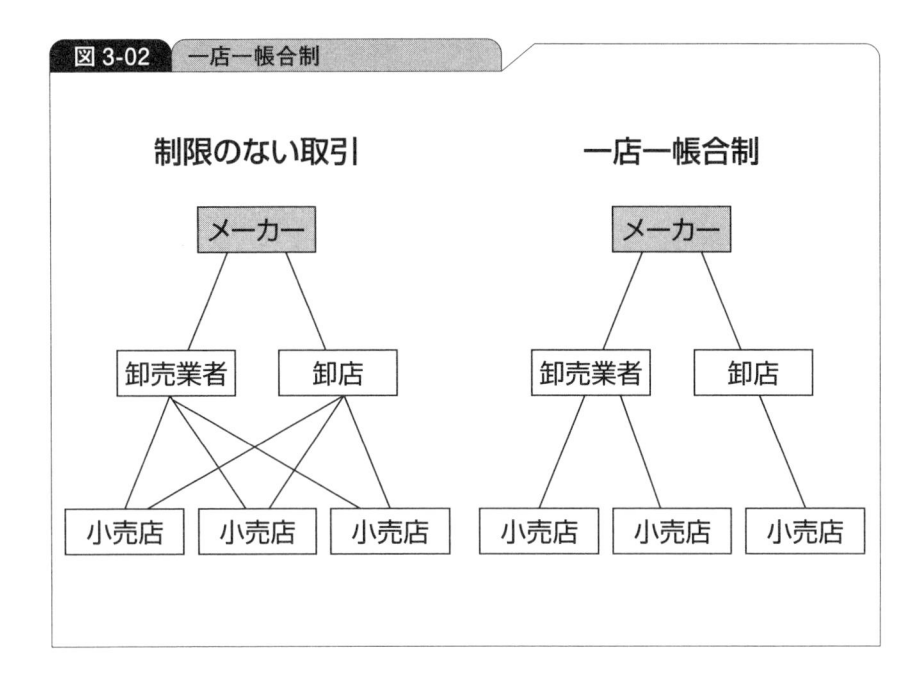

```
        メーカー
       /       \
   卸売業者    卸店
   /    \      |
 小売店 小売店 小売店
```

## (2) 独占禁止法上の取り扱い

　一店一帳合制が、ただちに違法となるわけではありません。流通業に対する独占禁止法の取り扱いについては、公正取引委員会が「流通・取引慣行に関する独占禁止法上の指針」を定めています。指針では、流通業者の取引先に関する制限として、

① メーカーが卸売業者に対して、その販売先である小売業者を特定させ、小売業者が特定の卸売業者としか取引できないようにすること。

② メーカーが流通業者に対して、商品の横流しをしないよう指示すること。

③ メーカーが卸売業者に対して、安売りを行う小売業者への販売を禁止すること。

をあげています。①が一店一帳合制に該当します。①〜③のいずれの場合も、当該商品の価格が維持される場合は違法行為となります。違法

かどうかは、次の項目を考慮して決定します。
①対象商品をめぐるブランド間競争の状況（競合メーカー同士の競争）
②対象商品のブランド内競争の状況（卸店間、小売店間の競争）
③制限の対象となる流通業者の数と市場での地位
④当該制限が流通業者の活動におよぼす影響

### (3) 独占禁止法の適用例

　昭和50年代、育児用粉ミルクの販売で、一店一帳合制が取り入れられていました。粉ミルクの業界は、大手3社が市場シェアの90％以上を占める典型的な寡占市場でした。特定メーカーの市場占有率が高い中での一店一帳合制の導入は、再販売価格維持につながることから違法となりました。公正取引委員会の判断基準は、次のとおりです。
①育児用粉ミルク業界は、上位3社の市場占有率が94％にものぼる寡占市場であること。
②育児用粉ミルクの商品特性として、需要者が特定の銘柄を指定して購入し、その銘柄を継続して使用する傾向があること。
③製造業者が、主要な取引条件のほとんどを一方的に決定し、卸売業者の意向が取引条件に反映されることはないこと。

　「一店一帳合制」は、卸売業者間の育児用粉ミルクの販売価格および各種の取引条件についての競争が行われる場を極めて狭い範囲に限定していること、といったことがあげられます。大手メーカー主導による一店一帳合制の維持は再販売価格維持行為につながり、消費者の利益を損なうことから、違法の判断が下されています。（「雪印乳業事件」「明治乳業事件」「森永乳業事件」）

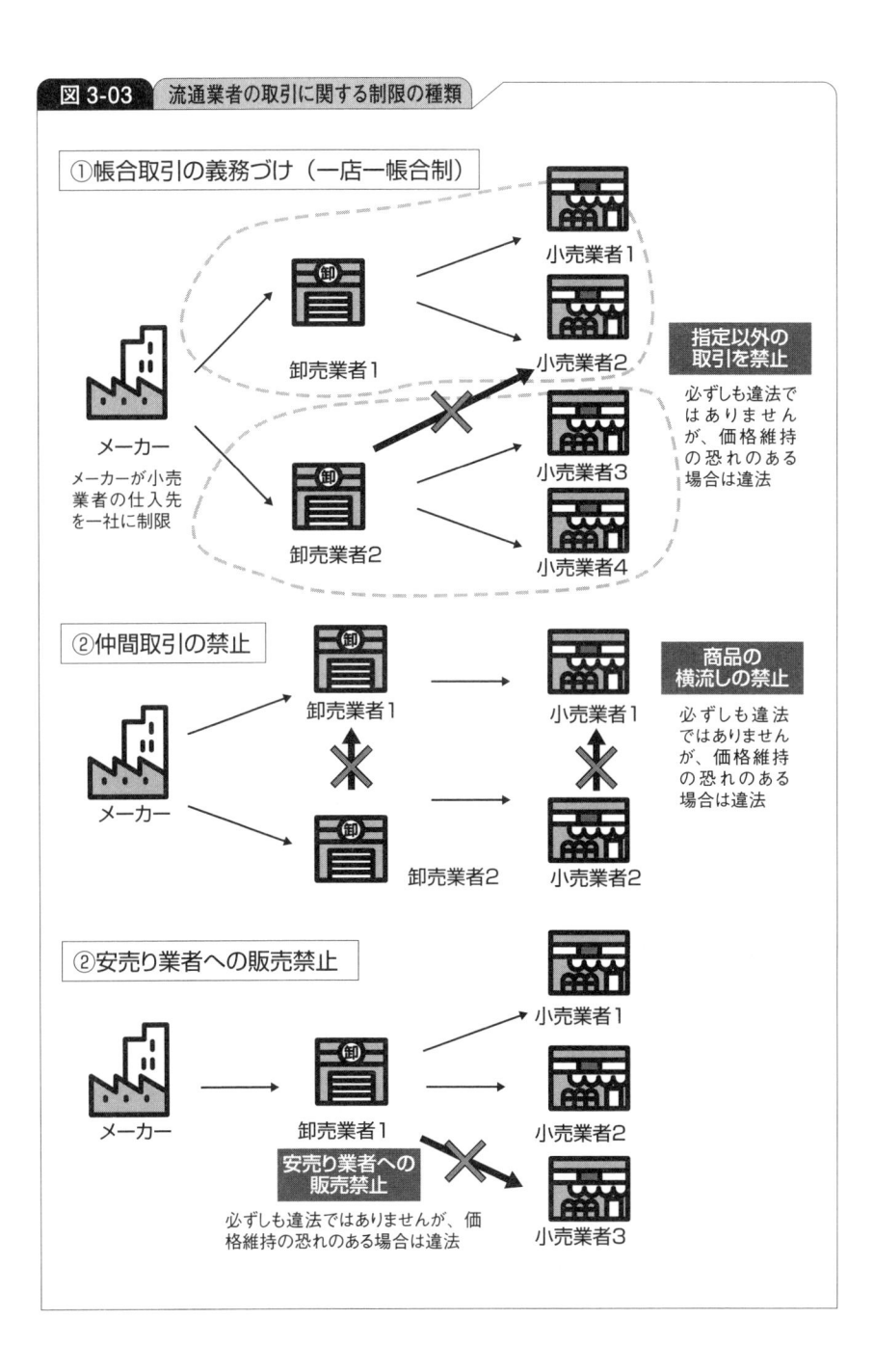

## 図 3-03　流通業者の取引に関する制限の種類

### ①帳合取引の義務づけ（一店一帳合制）

メーカー → 卸売業者1 → 小売業者1、小売業者2
メーカー → 卸売業者2 → 小売業者3、小売業者4

メーカーが小売業者の仕入先を一社に制限

**指定以外の取引を禁止**
必ずしも違法ではありませんが、価格維持の恐れのある場合は違法

### ②仲間取引の禁止

メーカー → 卸売業者1 → 小売業者1
メーカー → 卸売業者2 → 小売業者2

**商品の横流しの禁止**
必ずしも違法ではありませんが、価格維持の恐れのある場合は違法

### ②安売り業者への販売禁止

メーカー → 卸売業者1 → 小売業者1、小売業者2、小売業者3

**安売り業者への販売禁止**
必ずしも違法ではありませんが、価格維持の恐れのある場合は違法

PART 3　流通系列化と価格体系

section 3　流通系列化と価格体系

# テリトリー制

　メーカーによる流通系列化の手段の一つに、テリトリー制があります。メーカーが系列となる卸売業者、小売業者の販売地域を、一定の地域に制限することです。

　地域を限定することで、同じメーカーの製品を扱う流通業者同士の競争を回避し、過度な価格競争を回避することが目的です。テリトリー制が採用されている業界として、卸売段階では家電、化粧品、小売段階では自動車、新聞などがあげられます。

**(1) テリトリー制の種類**

　テリトリー制は、次の3つに分類できます。①一地域に一つの販売業者しかないクローズド・テリトリー制、②一地域に複数の販売業者を設置するオープン・テリトリー制、③店舗の立地だけを指定し、販売地域には特に規制を設けないロケーション制です。

**(2) 家電業界のテリトリー制**

　家電業界では、1950年代頃から各メーカーが自社の専売店を組織し、系列化を進めてきました。系列化を業界に先駆けて行ったのが松下電器産業（現在のパナソニック）です。系列化は販売価格の安定を狙って進められましたが、複数の卸売業者が、一つの小売店に対して販売するようになると卸売業者間の価格競争が起こり、この競争が小売店にまで波及し、価格の維持が困難になりました。

　各家電メーカーは、地方の有力卸売業者との共同出資により、メー

**図 3-04　テリトリー制の種類**

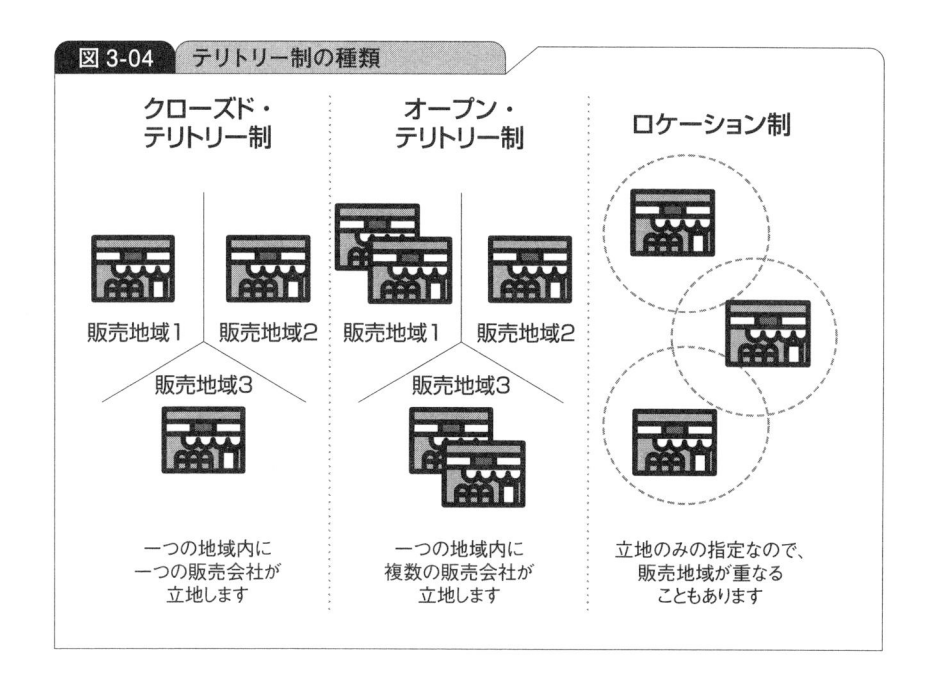

| クローズド・テリトリー制 | オープン・テリトリー制 | ロケーション制 |
|---|---|---|
| 販売地域1／販売地域2／販売地域3 | 販売地域1／販売地域2／販売地域3 | |
| 一つの地域内に一つの販売会社が立地します | 一つの地域内に複数の販売会社が立地します | 立地のみの指定なので、販売地域が重なることもあります |

カーの製品を専売で販売する販売会社を設立しました。販売会社にテリトリー制を敷くことにより、卸段階での競争を回避することができ、系列化による価格統制が実を結びました。1980～1990年代には、都道府県ごとの販売会社を統合し、より広域を対象とするテリトリー制へと移行しました。この流れは2000年代になってさらに進み、地域ごとの販売会社は統合されつつあります。

### (3) 化粧品業界のテリトリー制

　化粧品業界も、系列化を進めてきました。資生堂は、1923年に「資生堂化粧品連鎖店」制度を発表しました。当時、小売店によって乱売ともいえる価格競争が展開されていました。乱売を回避するため、小売店をチェーン化し、価格の安定を図りました。価格安定対策として、資生堂と卸売業者が取次店契約を結びました。

この契約の中で、区域内での専売権を卸売業者に与え、テリトリー制によって価格競争を回避しました。テリトリー制による競争の回避に加え、1953年には化粧品が再販売価格維持制度の対象となりました。これを機に、系列化は一層進みました。現在、化粧品は再販売価格維持の対象から外れています。

### (4) 自動車業界のテリトリー制
　自動車業界はメーカーの力が強く、メーカーごとに専売のディーラー制を敷くのが主流です。ディーラーは、契約メーカー車以外の販売は原則的に認められていません。ディーラーは、メーカーの出資を受けていることが多く、メーカーの強い影響下にあります。ディーラーは、営業地域内において独占的な販売権を持っています。

### (5) 独占禁止法上の扱い
　テリトリー制は、流通業者の競争を制限しますから、建値制や一店一帳合制同様、独占禁止法の対象となります。公正取引委員会による流通・取引慣行に関する独占禁止法上の指針では、テリトリー制を以下の4つに分類しています。

①責任地域制：メーカーが流通業者に対して、一定の地域を主たる責任地域として定め、当該地域内において、積極的な販売活動を義務づけること。

②販売拠点制：メーカーが流通業者に対して、店舗等の販売拠点の設置場所を一定地域内に限定したり、販売拠点の設置場所を指定すること（ロケーション制と同義）。

③厳格な地域制限：メーカーが流通業者に対して、一定の地域を割り当て、地域外では販売を制限すること。

④地域外顧客への販売制限：メーカーが流通業者に対して、一定の地域

を割り当て、地域外からの顧客からの求めに応じた販売を制限すること。

①〜④のうち、①と②だけなら違法ではありません。効率的な販売拠点の構築や、アフターサービス体制の確保のためには、地域指定は有効だからです。

③は、独占禁止法に触れる恐れがあります。制限を加えるメーカーが市場で有力であり、これによって商品の価格が維持される恐れがある場合には違法となります。メーカーが市場において有力とみなされるかどうかは、市場シェアが10％以上、または順位が3位以内が一応の目安です。

④については、価格が維持される恐れがある場合のみ違法です。

図 3-05　テリトリー制の独占禁止法上の取り扱い

①責任地域制
②販売拠点制
　　独占禁止法違反とはならない

③厳格な地域制限
・メーカーが市場において有力な地域
　（シェア10％以上または3位以内）
・価格維持につながる恐れがある
　　両方を満たした場合違法となる

④地域外顧客への販売制限
価格維持につながる恐れがある場合は違法となる

section 4　流通系列化と価格体系

# 建値制とオープンプライス制

　流通系列化は、建値制と密接にかかわっています。建値制とは、メーカーが卸段階、小売段階での価格を定める商慣行のことです。流通業者は、メーカーが定めた価格を守ることで、一定のマージンを受け取ります。メーカーは、自社製品を低価格で販売することによってブランドイメージを損ねないよう、また系列卸売業者、系列小売業者が適正な利益を得られるよう、メーカーがそれぞれの流通段階の価格を決定します。

## (1) 建値制と再販売価格維持行為

　メーカーが、卸売業や小売業の各流通段階の価格を決定する行為は「再販売価格維持行為」となり、独占禁止法で禁止されています。建値制は、法律に触れる制度なのでしょうか。公正取引委員会が定めている「流通・取引慣行に関する指針」では、メーカーが設定する建値や希望小売価格は、流通業者に単なる参考として示している限りは問題となることはありません。

　この場合、「正価」や「定価」といった表示や、金額のみの表示ではなく、「メーカー希望小売価格」や「参考価格」といった、拘束性の低い用語を使うこと、希望価格を流通業者や消費者に知らせる場合、実売価格はあくまでそれぞれの流通業者が自主的に決めるべきものであることを明示することが推奨されています。

　しかし、単に参考として通知するだけに留まらず、メーカーが卸売業者や小売業者の販売価格について、何らかの形で拘束する場合は、流通業者間の価格競争を損ねる行為として、「再販売価格維持行為」とみな

され、違法となります。

　具体的に、違法な拘束とはどのようなものでしょうか。公正取引委員会では、メーカーが定めた販売価格を流通業者に守らせることの他に、メーカーが定めた価格を流通業者が守らない場合の報復的な行為も、違法としています。

① 流通業者がメーカーの定めた価格を守らない場合、出荷量の削減や出荷価格の値上げ、リベート削減、他の商品の供給拒否などをすること。
② メーカー希望価格を守った場合、リベート等で優遇すること。
③ メーカー希望価格を守っているかどうか、店内視察や帳簿閲覧などにより調べること。
④ 安売りをしている小売店までの流通ルートを調べ、卸売業者に対して、安売りをする小売店への販売をしないように要請すること。
⑤ 安売りをしている小売店に競合する近隣の小売店の苦情を取り次ぎ、安売りをやめるよう要請すること。

　価格維持には、「値引きの限界値」を決めることも含まれます。値引きは、メーカー希望価格の○％までとか○円までといった制限も違法です。

## (2) メーカーによる再販売価格維持行為

　メーカーの再販売価格維持を語る上で、パナソニック（当時の松下電器産業）とダイエーの低価格販売をめぐる「30年戦争」は有名な話です。

　1964年当時、新興小売業のダイエーは、松下電器産業の定めた小売価格を無視して値引販売を開始しました。値崩れを防ぐために、小売店を系列化し、建値制を維持していた松下電器産業にとって、ダイエーの値引き販売を容認することはできません。系列小売店を守るため、松下電器産業はダイエーとの正規取引を停止しました。正規取引によらず、自社製品がダイエーに流れることを防ぐため、製品に通し番号を打ち、

流通経路を特定する仕組みも作り上げました。

　現在では、公正取引委員会が、違法と明言している手法です。1972年、松下電器産業のこのような行為が再販売価格維持行為であるとして、公正取引委員会から排除命令が出ています。その後、松下電器産業とダイエーとの関係は修復せず、和解により正規取引を再開したのは1992年のことでした。

　1992年には、建値制崩壊の直接の原因となった事件がありました。家電メーカー大手4社による、家電量販店に対する価格統制が明らかになったのです。オーディオ・ビデオ機器の商品発売に先立ち、4社の系列販社が、メーカー希望小売価格とは別に、指定値引き価格を記載して家電量販店に通知しました。系列店以外の量販店に対する価格拘束として問題となりました。

　これを機に、メーカーの家電量販店に対する価格交渉力は大幅に弱まり、その後の価格破壊と家電量販店の隆盛につながりました。

## (3) オープンプライス制

　建値制が実効性を失う中、オープンプライス制を採用する企業が増えてきています。オープンプライス制は、メーカーからの出荷価格を定めるのみで、卸、小売段階での価格について、メーカーは何も定めない制度です。

　オープンプライス制の採用により、メーカーは価格に対する影響力を弱めます。一方、流通業者は、「メーカー希望小売価格の〇％引き」といった宣伝ができなくなります。オープンプライス制は、価格決定の裁量を流通業者に委ねる制度です。1990年代から、家電業界、加工食品業界で取り入れられ、2005年にはビールメーカー4社が一斉にオープンプライス制に移行しました。

　オープンプライス制の導入にともない、メーカーが価格支配のための

手段として機能していたリベートも大幅に縮小・簡素化されました。メーカーは、価格に対する主導権が失われるものの、リベートの縮小や簡素化により、販売経費が削減できるのがメリットです。

また、小売店が仮に自社製品を安売りしても、「メーカー希望小売価格の○％引き」といった表現ができないため、自社製品の安売りイメージを回避できる一面もあります。

一方、流通業者はリベートによって得られていた一定の利益が保証されなくなるものの、価格設定の主導権を握れること、メーカー支配から脱却できることなどがメリットです。消費者にとっては、小売業者間の価格競争が進むというメリットがあります。

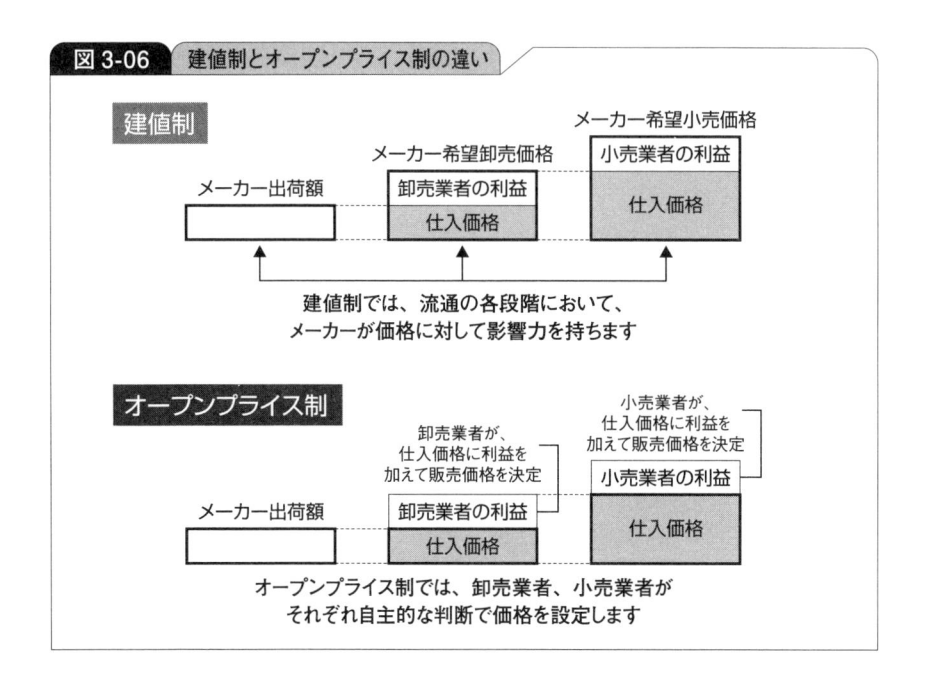

## 図 3-06　建値制とオープンプライス制の違い

**建値制**

メーカー出荷額 ／ メーカー希望卸売価格（卸売業者の利益＋仕入価格）／ メーカー希望小売価格（小売業者の利益＋仕入価格）

建値制では、流通の各段階において、メーカーが価格に対して影響力を持ちます

**オープンプライス制**

メーカー出荷額 ／ 卸売業者の利益＋仕入価格（卸売業者が、仕入価格に利益を加えて販売価格を決定）／ 小売業者の利益＋仕入価格（小売業者が、仕入価格に利益を加えて販売価格を決定）

オープンプライス制では、卸売業者、小売業者がそれぞれ自主的な判断で価格を設定します

PART 3　流通系列化と価格体系

## section 5　流通系列化と価格体系
# リベートとアロウワンス

　メーカー主導の流通系列化の中で、建値制維持のためにリベートは大きな役割を果たしました。

　しかし、建値制からオープンプライス制への移行にともない、リベートは縮小される傾向にあります。「建値制」のsectionでは、家電業界を例に紹介しました。系列化の大きな目的として、「価格安定」と「シェア拡大」があげられます。

　業界によっては、「価格安定」よりも「シェア拡大」に、より重きを置くことがあります。本sectionでは、家電業界と携帯電話業界を事例に、リベートのあり方についてみていきます。

### (1) 家電業界のリベート

　家電業界では、系列化の一環として、リベートが利用されてきました。系列卸店や小売店は、メーカーの提示する販売価格（建値）を維持することで、リベートを受け取りました。建値制とリベートは、セットで用いられてきました。

　しかし、大手量販店の出現により、メーカーの価格支配力は弱まっています。それとともに建値制は効力を失い、リベートは価格維持のためよりも、値引きの原資として用いられる場合も出てきました。

　リベートを用いることで支配力を維持してきたメーカーですが、リベートの存在が利益を圧迫することになりました。リベートは、支払い方法が不透明なことから、徐々に簡素化、縮小化が進んでいます。

## (2) 携帯電話業界のリベート

　携帯電話業界でも、製品普及のためにリベートが用いられています。家電業界と携帯電話業界で大きく違うのは、リベートを支払うのがメーカーではなく、携帯電話キャリア（NTTdocomoやKDDIなど）であるという点です。携帯電話機が「0円」で売られているのは、よく知られた光景です。

　普通に買えば数万円する携帯電話が「0円」で買えるのは、携帯電話キャリアが補填リベートを支払っているからです。家電業界では、「価格の安定」がリベートを活用する大きな目的でしたが、携帯電話業界では、「価格の安定」はあまり重視されず、販売台数（契約台数）の拡大に重きが置かれています。

　しかし、携帯電話機の販売も、状況が変わりつつあります。2007年の冬頃から、携帯電話各社の料金体系が大幅に変わりました。従来、携

**図 3-07　0円で販売される携帯電話**

携帯電話端末を0円で販売する販売店。現在はよく見られる光景ですが、リベートが縮小するなかで、このような光景も、過去のものになるかもしれません

帯端末の初期購入価格を低く抑え、携帯キャリア会社が利用料から端末料金を回収するのが一般的でした。

　これに対して、端末の購入料金を高くする代わりに、通話料金が安くなるという料金プランを各社が発表しました。従来は、販売店に対し、リベート（販売報奨金）を支払うことで、携帯電話の料金は安く抑えられていました。ただし、本当に安くなっているわけではなく、後々の利用料金から、携帯電話キャリア会社が回収しているのです。

　つまり、携帯電話を使うことは、新規購入者の端末代金の一部を払い続けるという仕組みになっているのです

　このような仕組みは、料金体系が複雑で消費者にわかりづらいという意見があります。総務省が開催した「モバイルビジネス研究会」は、2007年9月に、「携帯電話端末料金と通信料金の分離」を提言した報告書を発表しました。

　提言は業界に大きな影響を与え、携帯電話キャリア各社は、リベートの取り扱いを縮小し、携帯電話機の料金と通話料金を分けた料金プランを打ち出しました。リベートが完全になくなったわけではありませんが、携帯電話の普及にともない、携帯電話が「0円」で手に入ることはなくなるかもしれません。

## (3) リベート廃止の方向

　リベートは、販売促進のために作られた制度ですが、さまざまな業界で縮小や廃止の方向に進んでいます。リベートの存在が、企業間の競争を不透明なものにしているからです。

　リベートが、小売段階での価格維持のために使われる場合は、独占禁止法に抵触します。日本的商慣行を支えてきたリベートも、役割を縮小しています。

## (4) アロウワンス

販売量にともなって支払われる報奨金をリベートといいますが、これに対して、小売店が特定の商品を有利に取り扱うことに対して支払われる割引がアロウワンスです。店内に商品のポスターを貼る、陳列棚の幅を大きくするなどの行為に対し、メーカーや卸売業者から支払われます。

### ①陳列アロウワンス

メーカーの意向に沿うように、商品を陳列することに対するアロウワンスです。商品が目立つようにエンド陳列や島陳列をしたり、商品棚での扱いを増やすことで、アロウワンスが支払われます。

### ②広告アロウワンス

店内で特定の商品にPOP広告をつけたり、小売店が行う広告の中に、特定商品をメーカーの意向に沿う形で入れたりすることで、アロウワンスが支払われます。

### ③トレードイン・アロウワンス

旧モデルを利用している顧客に対する割引です。パソコンソフトのバージョンアップ時に、新規に買うよりも安く買えることがあります。バージョンアップだけでなく、競合製品からの買い替えでも同じような割引が受けられる場合もあります。

section 1 レギュラーチェーンとフランチャイズチェーン
section 2 ボランタリーチェーン
section 3 ショッピングセンター
section 4 カテゴリーキラーとアウトレットモール
section 5 無店舗販売

# PART 4

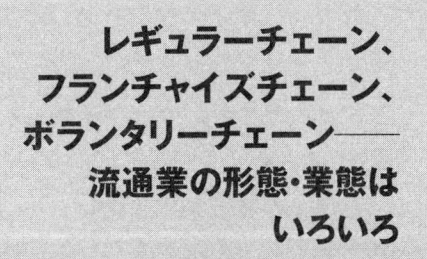

# 流通業の
# 形態・業態

レギュラーチェーン、
フランチャイズチェーン、
ボランタリーチェーン——
流通業の形態・業態は
いろいろ

section 1　流通業の形態・業態

# レギュラーチェーンと
# フランチャイズチェーン

　街中を歩いていると、さまざまなチェーン店を見かけます。喫茶店のチェーンや居酒屋チェーン、コンビニエンスストアも見慣れたチェーン店です。チェーン店には、同一資本のもとで多店舗展開するレギュラーチェーンと、異なる資本に対して契約関係でつながるフランチャイズチェーン、同志的結合のボランタリーチェーンがあります。

　商品や販売方法に関してさまざまなノウハウを持ったチェーン本部は、レギュラーチェーンとフランチャイズチェーンをどのように使い分けているのでしょうか。レギュラーチェーンとフランチャイズチェーンの違いを、実際の企業の例をあげながらみていきます。

**(1) ドトールコーヒーのチェーン展開**

　ドトールコーヒーは、ほとんどの店舗をフランチャイズチェーンで運営しています。しかし、すべてがフランチャイズではありません。店舗運営のノウハウ蓄積や商品開発のため、自社資本による直営店も出店しています。ドトールコーヒーのチェーン店は、全国で約1,400店にのぼります。

　フランチャイズ展開している業態は、「ドトールコーヒー」と「エクセルシオール」の2業態で、直営店はこれにハワイアンカフェの「カフェ・マウカメドウズ」や、パスタショップの「オリーブの木」などが加わります。

　有価証券報告書で、(株)ドトールコーヒーの部門別売上高と利益構造をみると、小売事業での収入源は、直営店の売上です。これに対して

卸売事業の収入源は、フランチャイズチェーン店等に対するコーヒー豆などの売上とライセンス料です。売上高営業利益率は小売事業が約6％、卸売事業が約11％です。卸売事業の方が、高い利益率を示しています。利益率の違いの要因は、減価償却費です。

減価償却費とは、建物や設備など、複数年使う資産を、耐用年数に応じて費用として計上する仕組みです。直営店を抱えている小売事業では、店舗内装に大きな投資をしますので、減価償却費が大きくなります。

一方、卸売部門は、フランチャイズ展開している店舗へのコーヒー豆の卸と、ライセンス料が主な収入源ですから、自前の店舗を保有していません。減価償却費は売上高の1％強であり、費用に占める割合も大きくはありません。

数字から、フランチャイズ展開のメリットがみえてきます。フランチャ

図 4-01　ドトールコーヒーの事業別営業利益

単位：百万円

|  | 小売事業 | 卸売事業 | その他 | 全社費用 | 連結 |
|---|---|---|---|---|---|
| 外部顧客への売上 | 27,181 | 37,256 | 814 |  | 65,252 |
| 内部売上又は振替 |  | 1,057 | 233 | -1,291 | - |
| 売上高合計 | 27,181 | 38,313 | 1,048 | -1,291 | 65,252 |
| 営業費用 | 25,492 | 33,978 | 1,067 | 1,109 | 61,647 |
| 内減価償却費 | 1,039 | 429 | - | 340 | 1,809 |
| 営業利益 | 1,689 | 4,336 | -19 | -2,401 | 3,604 |
| 売上高営業利益率 | 6.20% | 11.30% | -1.80% |  | 5.50% |

出典：2007年度「ドトール・日レスホールディングス」有価証券報告書を加工

イズの場合、店舗に投資をするのは加盟店です。フランチャイズ展開の方が、自前で店舗に投資をする必要がないため、高い利益率を確保できます。フランチャイズ展開により多店舗展開ができ、コーヒー豆の販売先を確保して、スケールメリットを享受できます。

　では、フランチャイズ店だけを残して直営店をやめてしまえば、より高い利益率を確保することができるのではないでしょうか。そんなことはありません。自ら直営店を経営しているからこそ、フランチャイズ加盟店に対して、さまざまなノウハウの提供や新商品、新サービスの開発ができるのです。

## (2) スターバックスはレギュラーチェーン展開

　ある程度の規模を持ったチェーン店は、すべてフランチャイズチェーンなのでしょうか。スターバックスコーヒージャパンは、全国に754店舗（2008年3月末）の直営店を展開しています。スターバックスはほとんどが直営店ですが、空港の構内や病院内などでライセンス契約の店舗があります。スターバックスの、営業利益の内訳をみてみましょう。

　スターバックスの全社の売上高と営業利益を表にしています。全社で比較すると、ドトールコーヒーの売上高営業利益率が5.5%なのに対し、

スターバックスの営業利益　　単位：百万円

|  | 全社 |
|---|---|
| 売上高 | 90,741 |
| 営業費用 | 84,030 |
| 内減価償却費 | 3,057 |
| 営業利益 | 6,711 |
| 売上高営業利益率 | 7.40% |

出典：2007年度「スターバックスコーヒージャパン」有価証券報告書を加工

スターバックスコーヒーは7.4%です。なぜ、スターバックスは高い利益率を確保することができるのでしょうか。それはスターバックスが、直営店中心の展開で、ブランド価値を向上させていることが大きな要因です。ドトールコーヒーではSサイズ200円のコーヒーが、スターバックスでは290円です。直営店によるチェーン店へのブランドイメージの徹底が、「高くてもスターバックス」という顧客の支持を得ているのです。

### (3) レギュラーチェーン・フランチャイズチェーンのメリット・デメリット

　ドトールコーヒーとスターバックスコーヒーを例に、フランチャイズチェーンとレギュラーチェーンの違いをみてきました。

　フランチャイズチェーンでは、加盟店に対して提供できるノウハウさえあれば、店舗へ投資することなく、多店舗展開による販売量の拡大によるスケールメリットの享受やライセンス料収入を得ることができます。

　一方で加盟店は独立の企業ですから、統制には限界があります。従業員に対する教育や、店舗内でのサービスに店舗ごとのばらつきが出てきます。

　レギュラーチェーンでは、店舗を出店するごとに、内装や設備に大きな投資が必要です。一方、直営店ですから、それぞれの店舗運営への統制は、フランチャイズ方式よりもきめ細かく行うことができます。

　これによって、店自体のブランド価値を高めることができます。スターバックスコーヒーが日本に進出するとき、「われわれはコーヒーではなく、ライフスタイルを売る」と宣言しました。このような理念をそれぞれの店舗に浸透させることは、直営店主体だからこそできるのです。

section 2　流通業の形態・業態

# ボランタリーチェーン

　前sectionでは、レギュラーチェーンとフランチャイズチェーンの違いをコーヒー店の例でみてきました。チェーン店の形態には、この他にボランタリーチェーン方式があります。ボランタリーチェーンとは、日本ボランタリーチェーン協会の定義によれば「異なる経営主体同士が結合して、販売機能を多数の店舗において展開すると同時に、情報等を本部に集中することによって組織の結合を図り、強力な管理のもとで、仕入れ・販売等に関する戦略が集中的にプログラム化される仕組みとその運営」です。小売業者同士が集まって本部を作る、小売主宰のボランタリーチェーンと、卸売業者がリーダーシップをとって小売店を組織化した卸主宰のボランタリーチェーンの2つの形態があります。

**(1) フランチャイズチェーンとボランタリーチェーン加盟の差**
①フランチャイズチェーンへの加盟
　フランチャイズチェーンが、本部との契約により、加盟店がさまざまなオリジナル商品やノウハウ、ブランドの使用権などを提供されるのに対し、ボランタリーチェーンは中小の店舗が協力して本部を設置し、仕入れや販売において、大資本に負けないスケールメリットを得ることを目的としています。

　加盟店にとって、フランチャイズチェーンへの加盟とボランタリーチェーンへの加盟では、どのような差異があるのでしょうか。フランチャイズチェーンの場合、加盟店となることで、本部からのさまざまなサポートを受けることができます。オリジナル商品の提供や、スーパーバイザー

による経営指導、さらに決算や従業員の給与計算まで担ってくれる本部もあります。まったく経験のない業種への参入も、本部のサポートによって可能です。フランチャイズチェーンは、店舗の運営方法が、契約によって細かく規定されている場合がほとんどです。店に掲げる看板や、店舗内装の仕様、営業時間やチェーン共同でのキャンペーンへの参加など、さまざまな面で本部の意向に沿う必要があります。本部は、売上高や売上総利益に応じて一定割合のロイヤルティ（賦課金）を徴収します。

②ボランタリーチェーンへの加盟

　ボランタリーチェーンは、小売店同士のつながりが強いため、本部に大きな拘束力はありません。同じチェーンに属しながら、店名や取扱商品などが違うこともボランタリーチェーンではよくあることです。本部に対して納めるロイヤルティも、フランチャイズチェーンに比べて低額で、共同仕入れの際に一定の利益を乗せるだけという場合もあります。本部による拘束が緩く、納めるロイヤルティが低額な一方、受けられるサービスも多くはありません。

　スーパーバイザーによる経営指導や共同仕入れといったフランチャイズチェーンに近いサービスを提供している本部もありますが、拘束の緩さと提供されるサービスはトレードオフの関係にあります。

　ボランタリーチェーンは、店舗運営に関する規制がフランチャイズチェーンほど厳しくありません。同一チェーンでも、商品やサービスは個々の店舗ごとに異なり、チェーンとしての高いブランド力を発揮することはできません。

　前sectionでは、レギュラーチェーンとフランチャイズチェーンの違いをみながら、レギュラーチェーンによって強いブランド力を維持しているスターバックスの例を紹介しましたが、ボランタリーチェーンはその対局にあるといって良いでしょう。

### 図4-02　VCとFCのメリット・デメリット

| | | ボランタリーチェーン（VC） | フランチャイズチェーン（FC） |
|---|---|---|---|
| 本部 | メリット | ・自己資本が少なくても設立できる<br>・出店投資が直営店以外に皆無<br>・卸、小売にとってリスクの少ない事業展開 | ・マーチャンダイジングやサービス等独自のノウハウがあれば設立しやすい<br>・出店における人材、資金の投資が少ない<br>・ノウハウが確立すれば収入が多い |
| 本部 | デメリット | ・既存店舗の加盟が多いため標準化に時間がかかる<br>・加盟店の影響を受けやすい<br>・ロイヤルティ収入が少ないため、財務体質強化に時間がかかる | ・加盟店側の依頼心が強く、システムの維持拡大にコストがかかる<br>・契約の範囲において、加盟店の利益を保証し続ける義務がある |
| 加盟店 | メリット | ・ロイヤルティが少なく、努力しだいで収益が増える<br>・自助努力の余地が多い<br>・加盟店の要望が、本部に受け入れられやすい | ・少額の資本、未経験でも加入可能<br>・チェーンによっては、契約範囲において利益保証がある<br>・大手チェーン加入によって、システムメリットを享受できる |
| 加盟店 | デメリット | ・標準店舗にするため、資金が必要になる<br>・ロイヤルティが少ない代わり、利益保証がない | ・加盟店の要望が、本部に受け入れられにくい<br>・売上が上がれば、スライドしてロイヤルティも上がる<br>・契約の内容によって、脱会などが制限される |

出典：『飛躍するボランタリーチェーン』田代治喜・波形克彦　編著より

## (2) ボランタリーチェーンの例

### ①全日本食品株式会社（食品スーパーチェーン）

通称「全日食チェーン」で知られる全日本食品株式会社は1962年、26の企業が出資し、資本金130万円で設立されました。全国のボランタリーチェーンと提携・合併を繰り返し、現在では日本最大のボランタリーチェーンとして知られています。

設立当初のチェーン加盟店は、すべて商店街に立地する食料品店でしたが、現在では4割の店舗が住宅地やロードサイド立地です。設立当初、多くのスーパーマーケットが卸売業に物流機能を依存している中で、全日食チェーンは創業当初から、小規模ながら配送センターを設置しました。本部機能として、店舗開発（加盟店募集）機能、リテールサポート機能、情報システム機能の3つが中核となっています。2005年時点で、加盟店の年商は約3,000億円と推定されています。

### ②株式会社ジョヴィ（薬局チェーン）

ジョヴィは、薬局のボランタリーチェーンです。加盟店は、100m$^2$前後の薬局が多くを占めています。店舗数は約1,100店、半数が中心市街地に立地していて、地域密着の経営を行っています。ジョヴィは1965年、薬局の若手経営者の研究会から始まりました。

最初は共同仕入れから始まり、1970年に前身の株式会社を設立しました。情報化には熱心で、1988年からPOSシステムの実験を開始し、1991年に加盟店でのPOSシステムを導入しました。WEB発注システムや、顧客管理システムなども導入し、中小薬局の情報化を支えています。約500種類のPB商品を開発し、加盟店の競争力確保に貢献しています。

section 3　流通業の形態・業態

# ショッピングセンター

　ショッピングセンターは、デベロッパーと呼ばれる開発業者によって建設された商業集積です。食品スーパーや大型家電店、アパレルなどを核店舗として、さまざまな店舗が並びます。

　中には、フードコートやレストラン街、映画館まで併設されていて、家族で出かけて一日楽しめるようなものもあります。郊外に立地するショッピングセンターは、広大な敷地に、何千台も収容できる駐車場があります。

　駐車場は原則無料で、有料の場合でも、ショッピングセンターで買い物をすれば無料駐車券がもらえます。休日ごとにイベントを開催していて、テレビのヒーローや大道芸人がやってきて、買い物以外にも客を楽しませてくれます。

　ショッピングセンターが盛況な中、昔ながらの商店街は苦戦を強いられています。ほとんどの店舗が閉店し、「シャッター通り」になっている商店街はたくさんあります。店舗の集積という意味で、ショッピングセンターと商店街は似ています。

　しかし、ショッピングセンターが計画的、人工的に作られたのに対して、商店街は自然発生的に形成されてきました。この2つにはどのような違いがあり、なぜショッピングセンターには人が集まり、多くの商店街では人影がまばらなのでしょうか。

(1) テナントミックス

　ショッピングセンターの強さは、計画された店舗配置にあります。自

然発生的な商店街では、洋服屋の隣にコロッケ屋があったり、宝石屋の隣に焼き肉屋があったりします。中には電気街とか書店街といった専門的な商店街もありますが、多くはさまざまな店が雑多に並んでいるのが商店街の特徴です。

　ショッピングセンターは、業種の構成がきちんと計画されています。ファッションゾーンと雑貨ゾーンは分かれており、食料品は別の区画にあります。飲食店街はまとまってあり、店先のメニューをみて回れます。さまざまな業種が比較しやすいような配置になっています。営業時間や休日は、ショッピングセンターごとに統一されています。

　これは、ショッピングセンターの建物が一つの経営主体によって運営されているからであり、各々のテナント（出店者）は、この計画された配置の中で、相乗効果を上げながら競争しているのです。

　一方、商店街は個々の店舗の経営はバラバラだし、自分で所有している建物で商売をしているため、営業時間も休日も自由です。日曜日に閉まっている店もあれば、年中無休の店もあります。また、夕方6時には閉めてしまう店もあれば、夜の10時まで営業している店もあります。

### (2) テナントの費用負担

　ショッピングセンターに出店するテナントは、家賃を払います。店舗面積$1m^2$につき月額いくらという決め方が一般的ですが、売上の何％という、売上歩合で家賃を払う場合もあります。売上の何％だけでは、売上がゼロなら家賃もゼロになりますから、面積による固定家賃と売上に連動する歩合家賃とを併用するのが一般的です。

　歩合家賃を導入することでショッピングセンターも、テナントの売上に対してリスクを負います。固定家賃だけなら、テナントの売上が高かろうが低かろうが、家賃さえ納めてもらえればかまわないわけですが、歩合家賃があることで、ショッピングセンターとしてはテナントの売上

が上がれば上がるほど、家賃収入も増えることになります。

このような理由から、ショッピングセンターは各種の販売促進活動に熱心です。ダイレクトメールや店舗内のイベントなど、集客のための工夫を惜しまないし、個々のテナントへの経営指導も行います。

### (3) これからの商店街とショッピングセンター

ショッピングセンターと商店街は、似ているようで運営面はまったく異なっています。ここでは、ショッピングセンターのような商店街の事例と、商店街のようなショッピングセンターの事例を取り上げます。

①高松丸亀町壱番街

2006年12月、香川県高松市の中心商店街、高松丸亀町商店街の北端部に、商業ビル「高松丸亀町壱番街」がオープンしました。商店街の中の21店舗が、再開発によって敷地を定期借地によって共同化し、店舗、イベントホール、住宅からなる複合ビルを建設しました。

このビルで特徴的なのが、ショッピングセンターのような「所有と利用の分離」を実現していることです。ビルを共同化し、これまでにはなかったテナントを導入しています。地主の店舗は、出店する場合は家賃を払い、一方、土地を貸しているため地代をもらいます。出店せず、商売を止めて（あるいは別の場所に店舗を移して）地代だけもらうこともできます。

このような仕組みを導入することで、適切なテナントミックスが実現できます。現在は商店街北端部の再開発が終了し、これに隣接する街区も再開発に着工しており、単体の商業ビルだけではなく、商店街全体のテナントミックスを実現しています。

②サンタナ・ロウ

サンタナ・ロウは、アメリカのシリコンバレーの近く、サンノゼにあるショッピングセンターです。一体的に開発されたショッピングセン

ターですが、店舗は屋外に面した路面店で構成されています。路面店は高級店が多く、シリコンバレーの富裕層を顧客として取り込んでいます。上層階には住宅やホテルが整備されており、実際に人が住み、生活感のあるショッピングセンターです。

このようなショッピングセンターを「ラフスタイルセンター」と呼び、ショッピングセンターの次世代の姿として注目されています。

図 4-03　新しい商店街とショッピングセンターの例

高松丸亀町壱番街

サンタナ・ロウ

section 4　流通業の形態・業態

# カテゴリーキラーと
# アウトレットモール

　「良いものを安く」は、買い物をする人なら誰もが望むことでしょう。さまざまな小売業者の中には、低価格をアピールした店舗も数多くあります。単なる「安売店」とは一線を画し、特徴的な運営方法と低価格販売を実現している店舗に、「カテゴリーキラー」と「アウトレットモール」があります。

## (1) 外資系カテゴリーキラーの参入

　特定の品目について圧倒的な品ぞろえを提供して、既存の同業種を廃業に追い込んでしまうような店舗を「カテゴリーキラー」と呼びます。カテゴリーキラーの代表格は、玩具店の「トイザらス」です。読者の皆さんはお子さんを連れて、または子どもの頃ご両親に連れられて行ったことがあるかもしれません。「トイザらス」の日本1号店は、1991年末に茨城県に出店しました。当時は、「大規模小売店舗法（大店法）」による大型店の出店規制が緩和に向かっていた時期です。「トイザらス」は、外資系大型店の参入第1号として話題になりました。中小店保護の行き過ぎた規制を緩和しようという動きが出始めていました。

　私が子どもの頃、近所の商店街には個人営業のおもちゃ屋がたくさんありました。街の小さなおもちゃ屋で、テレビで活躍しているヒーローのおもちゃが入荷するのを楽しみにしていた思い出は、誰しもあるのではないでしょうか。

　「トイザらス」に足を運ぶと、その品ぞろえの量に圧倒されます。「トイザらス」の2007年度の年間売上高1,900億円は、成長に陰りがみえる

**図 4-04** カテゴリーキラーの例

トイザらスは、2008年1月時点で全国168店舗を展開しています。1店舗当たりの平均売上高は約11億円、1店舗当たりの平均売場面積は約2,200㎡です

ものの、競合他社を寄せ付けない圧倒的な大きさです。大きなシェアは、メーカーに対する強い交渉力になり、直接取引を実現し、仕入価格の面でも有利な立場を築いています。

カテゴリーキラーの参入により、既存の小売店はどんどん廃業に追い込まれていきました。私が子どもの頃通い詰めていた商店街のおもちゃ屋も、その多くはなくなってしまいました。

### (2) 商業政策の転換

「トイザらス」の進出は、大店法に象徴される日本の流通政策が緩和され始めた時期と重なります。大店法では、大型店の出店が、周辺の中小小売業の事業活動に相当程度の影響があるかどうか、という観点から出店調整がなされました。開店日、売場面積、閉店時刻、年間休日が調整項目です。1973年の施行から、中小店の保護という観点から、徐々

PART 4 流通業の形態・業態

に規制が強化されてきました。規制強化の流れが転換したきっかけが、1989年の日米構造協議です。アメリカによる、日本の市場開放への圧力が高まりました。このような流れから、大型店の出店を規制してきた大店法は、徐々に緩和されていきました。出店調整期間の短縮化や適用売場面積、閉店時間や休日数について、段階的に緩和がなされました。

2000年に大店法は廃止され、大店立地法が施行されました。大店立地法は、大型店の出店そのものを規制するのではなく、出店する大型店に周辺環境への配慮を求めるものです。中小小売業の保護という観点から、周辺環境の保全という観点に政策が大きく転換しました。

大店立地法には、大型店の出店そのものを規制する機能はありません。このような政策上の追い風を受けて、カテゴリーキラーに代表される大型店は、日本全国に拡大していきました。

### (3) アウトレットモール

アウトレット店とは本来、「出口」「吹出口」という意味で、傷物商品や過剰在庫品などの"ワケあり商品"を、割安な価格で販売する小売業態です。

アウトレットが1ヶ所に集積したショッピングモールが、アウトレットモールです。メーカーが自社ブランドで直営店を出すファクトリー・アウトレットと、小売店がメーカーから過剰在庫を仕入れて安く販売するリテール・アウトレットに分かれます。

アウトレットモールには、ファッション・ブランドやオーディオ機器、スポーツ用品など、さまざまな店舗が並んでいます。扱っている商品は割安ですが、決して安物や粗悪品を売っているわけではありません。見た目には、何が傷物なのかわからないものばかりです。

アウトレットモールと単なる安売店との違いは、ブランドイメージの維持が大きく異なる点です。ブランドイメージを大切にするメーカーほ

ど、自社製品が安売りされることを嫌がります。一方、なぜアウトレットモールに出店するのかというと、扱い商品が「ワケあり」だからです。

正規の商品が安売りされれば、ブランドイメージが低下しますが、「訳があるから、お値打ち価格で提供します」というのであれば、ブランドイメージは傷つきません。この点が、単なる安売店とアウトレットモールの大きな違いです。アウトレットモールは、郊外に立地するものが大半です。まとまった敷地を確保するためには、土地が安い方が有利なこともありますが、正規品を取り扱う店舗と、立地の面で競合しないように配慮しているのです。

アウトレットモールでは、ブランドイメージを損ねることなく、低価格販売によるメーカーや小売店の在庫処分が可能です。消費者にとっても割安感があり、週末の買い物を楽しむ場所としても人気があります。

図4-05　アウトレットモールの例

三井アウトレットパークは、メーカー直営店が出店するファクトリー・アウトレットです。ファッションを中心に、さまざまな店舗が入っています

PART 4　流通業の形態・業態

section 5　流通業の形態・業態

# 無店舗販売

　無店舗販売と聞いて、何を思い浮かべるでしょうか。平成19年の商業統計をみると、約133兆円の小売販売額のうち、店舗販売の割合が8割を占めています。私たちの買い物の多くは、店舗を通じて行われています。無店舗販売には、訪問販売、通信・カタログ販売、自動販売機による販売などがあります。販売額に占めるシェアは小さいものの、通信・カタログ販売は大きな販売額の伸びを示しています。

　平成14年と平成19年の商業統計を比較すると、訪問販売は、事業所数、販売額ともに減少、通信・カタログ販売は、事業所数、販売額ともに増加、自動販売機の事業所数は大きく減少していますが、販売額は微増しています。

## (1) 通信・カタログ販売

　事業所数、販売額ともに成長している通信・カタログ販売からみていきましょう。近年、インターネットを活用する買い物が当たり前になりました。インターネットの普及を追い風に、事業所数、小売販売額ともに伸びているのが、食料品と書籍・文房具です。

　近年、食の安全に対する関心が高まっています。オイシックスのような、生産者と消費者を結びつける有機野菜の通販ベンチャーも出現しており、食料品の通販の伸びを牽引しています。通販は、売り手の顔が見えないことが購買に対する障壁になりますが、顧客の信頼を得るような情報発信をすることで、販売額を伸ばしています。

　書籍・文房具の伸び率は他を圧倒しています。平成14年と平成19年

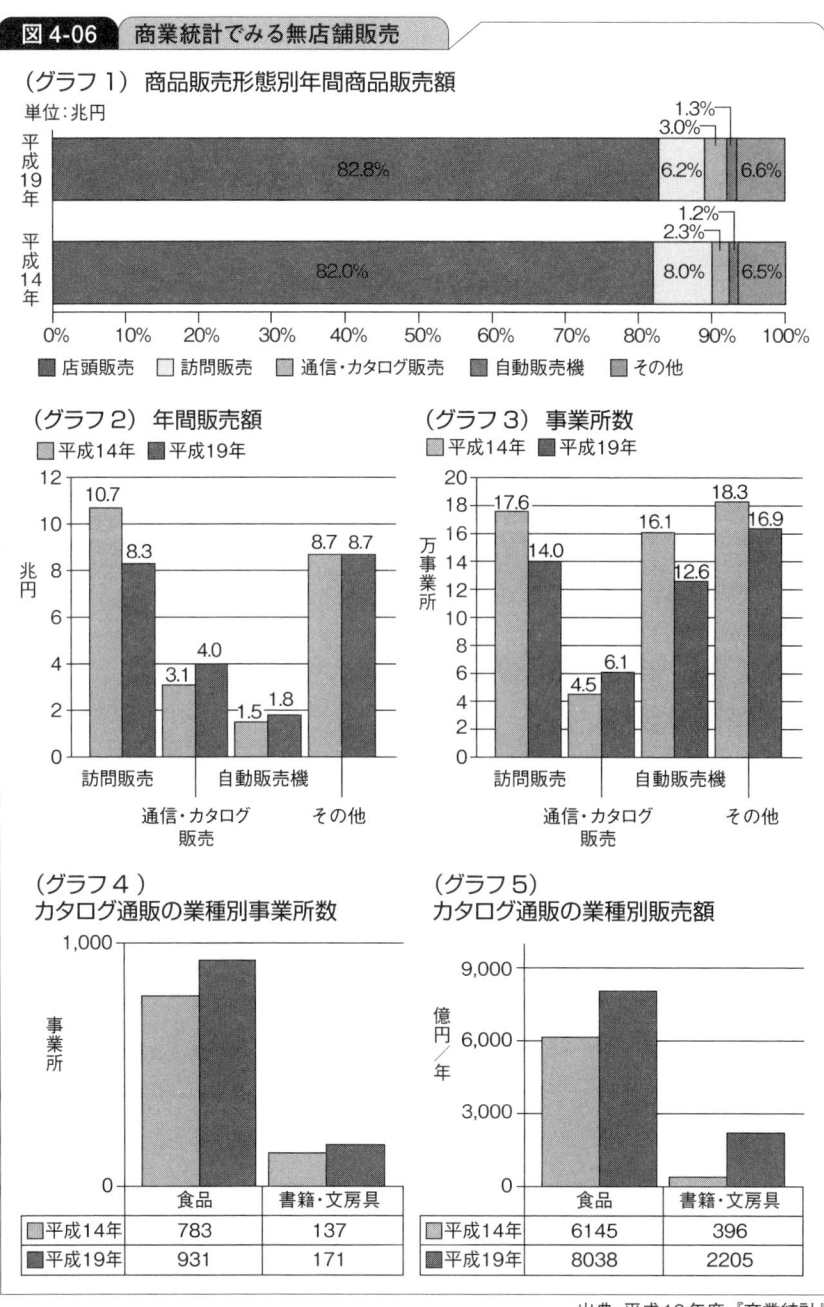

### 図4-06　商業統計でみる無店舗販売

**（グラフ1）商品販売形態別年間商品販売額**

単位：兆円

| 年 | 店頭販売 | 訪問販売 | 通信・カタログ販売 | 自動販売機 | その他 |
|---|---|---|---|---|---|
| 平成19年 | 82.8% | 3.0% | 6.2% | 1.3% | 6.6% |
| 平成14年 | 82.0% | 2.3% | 8.0% | 1.2% | 6.5% |

■店頭販売　□訪問販売　■通信・カタログ販売　■自動販売機　■その他

**（グラフ2）年間販売額**

□平成14年　■平成19年（単位：兆円）

| | 訪問販売 | 通信・カタログ販売 | 自動販売機 | その他 |
|---|---|---|---|---|
| 平成14年 | 10.7 | 3.1 | 1.5 | 8.7 |
| 平成19年 | 8.3 | 4.0 | 1.8 | 8.7 |

**（グラフ3）事業所数**

□平成14年　■平成19年（単位：万事業所）

| | 訪問販売 | 通信・カタログ販売 | 自動販売機 | その他 |
|---|---|---|---|---|
| 平成14年 | 17.6 | 4.5 | 16.1 | 18.3 |
| 平成19年 | 14.0 | 6.1 | 12.6 | 16.9 |

**（グラフ4）カタログ通販の業種別事業所数**

| | 食品 | 書籍・文房具 |
|---|---|---|
| 平成14年 | 783 | 137 |
| 平成19年 | 931 | 171 |

**（グラフ5）カタログ通販の業種別販売額**

（単位：億円／年）

| | 食品 | 書籍・文房具 |
|---|---|---|
| 平成14年 | 6145 | 396 |
| 平成19年 | 8038 | 2205 |

出典：平成19年度『商業統計』

PART 4　流通業の形態・業態

を比較すると、事業所数の伸びが約1.25倍なのに対して、販売額は5倍以上に伸びています。少数の成長企業が、大きく販売額を伸ばしていることがうかがえます。書籍販売のアマゾン.comと文房具販売のアスクルは、書籍・文房具を足がかりに、品ぞろえを多様化し、大きく成長しています。

### (2) 自動販売機

　自動販売機は事業所が減少傾向なのに、販売額は増加傾向にあります。ただし、商業統計で把握されている売上高、事業所数は、小売業に分類される事業所のみが調査対象になっています。飲食店などのサービス業や交通機関なども含めた、すべての自動販売機のデータは日本自動販売機工業会が集計しています。これによると、平成19年の年間販売額は約6.8兆円で、通信・カタログ販売に迫っています。販売額の4割が飲料で、

**図4-07　自動販売機の普及台数と販売額**

（2007年1月～12月）

| 商品種別 | 普及台数（千台） | 年間販売額（億円） | 販売額割合 |
| --- | --- | --- | --- |
| 飲料 | 2,639 | 28,224 | 41.3% |
| 食品 | 91 | 774 | 1.1% |
| たばこ | 520 | 16,989 | 24.9% |
| 入場券・乗車券・食券 | 44 | 18,753 | 27.5% |
| その他 | 874 | 3,576 | 5.2% |
| 合計 | 4,167 | 68,316 | 100% |

出典：日本自動販売機工業会発表資料を加工
http://www.jvma.or.jp/information/fukyu2007.pdf

25%がたばこです。たばこの自動販売機は、2008年7月のtaspo全国導入で、売上の多くをコンビニエンスストアに奪われました。

### (3) 訪問販売

　訪問販売は、事業所、販売額ともに減少しています。一方、売上を伸ばしているのが、グリコが始めた置き菓子事業です。都心部のみでのサービスですが、オフィスに一個100円のお菓子を置き、買うたびに備え付けの貯金箱に百円玉を入れます。週に一回、集金と商品補充をします。

　2007年度の年間販売額は30億円にまで成長しました。グリコの商品が中心ですが、他社メーカーの商品も販売しています。金額が100円均一であることから、商品によっては、コンビニで買うよりも安いものがあります。グリコの成功から、競合の菓子メーカーも、同じような置き菓子ビジネスに参入しています。

図4-08　置き菓子サービスの例

オフィスグリコのリフレッシュボックス。カエルの口が料金の投入口になっています。週に一度、販売員が事務所に来て、商品補充と売上金を回収していきます

section 1　経済的パワー資源
section 2　非経済的パワー資源
section 3　コンフリクトとは
section 4　コンフリクトの制御戦略

# PART 5

# パワー・コンフリクト理論

衝突しながらも
互いに協力・連携する
流通業者

section 1 　パワー・コンフリクト理論

# 経済的パワー資源

　製造業者（メーカー）→卸売業者→小売業者という流通チャネルを経て、商品は消費者に購入されます。製造業者（メーカー）、卸売業者、小売業者は、互いに協力・連携しています。

　しかし、メーカーから卸、小売の段階まで完全に統合されている例はほとんどありません。多くの場合、資本的に独立した企業が、目標や利益を達成するために連携しています。

　流通チャネルのメンバー間の関係では、互いに協力・連携しながらも、利害が対立する可能性を同時に持つことになります。そして、この利害の対立は、ある企業で売上が減少したり、価格競争やライバル商品が出現した場合に表面化しやすくなります。

　利害の対立が起きた場合、流通チャネル内のリーダーはチャネル内部の利害の対立を調整しながら、流通活動をスムーズに行えるようにしていきます。流通チャネルのリーダーには、チャネルメンバーを共通の目標に導く力（パワー）が必要です。

### (1) パワーとは

　チャネルのメンバーが持つ経営資源（生産設備や資金力、情報、ノウハウ、経験等）は同質・同様ではなく、各々ばらつきがあります。チャネルメンバー間では、あるチャネルメンバーが他のチャネルメンバーの持つ、自社にはない特定の経営資源に依存している状態が生じます。このあるメンバーと他のメンバーとの、非対称的な力関係を作りだす源泉がパワーです。

したがって、パワーとは、「あるチャネルメンバーが、他のチャネルメンバーのマーケティング戦略をコントロールし、統制することのできる能力」、あるいは「あるチャネルメンバーが他のチャネルメンバーに依存する程度」と定義することができます。

### (2) パワー資源の種類と分類

パワー資源は、パワーを産み出す源泉によって、次の6つに分類できます。

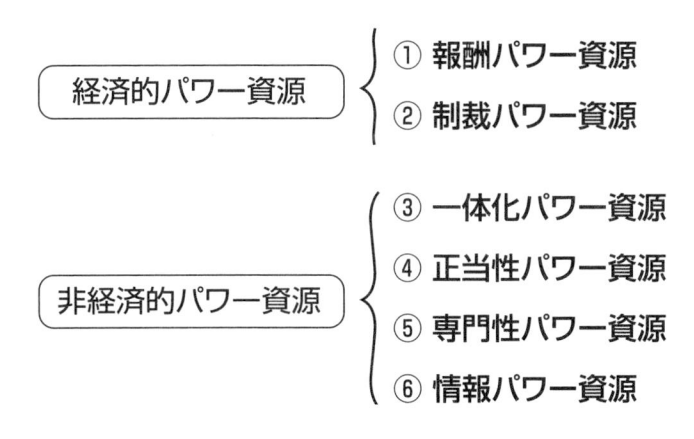

```
経済的パワー資源 ┬ ① 報酬パワー資源
                 └ ② 制裁パワー資源

非経済的パワー資源 ┬ ③ 一体化パワー資源
                   ├ ④ 正当性パワー資源
                   ├ ⑤ 専門性パワー資源
                   └ ⑥ 情報パワー資源
```

### (3) 報酬パワー資源

報酬パワー資源とは、あるチャネルメンバーが自分に対して経済的利益を与えてくれるという信頼・信念によって発揮されるパワーです。

①アロウワンス

小売業が、特定の商品を有利に取り扱ってくれることに対して支払われるのがアロウワンスです。メーカーから小売業に支払われる報酬パワーの一つです。

②販売奨励金（リベート）

メーカーが小売業との長期的関係構築を目的に、小売店がメーカーの

示した条件を受け入れた場合に支払う、金銭的見返りです。アロウワンスは短期的な割引ですが、リベートは、メーカーが小売店などのチャネルメンバーと長期的関係を構築する手段として用いられます。

③テリトリー制の保証

　テリトリー制は、メーカーが系列の卸売業者、小売業者の販売地域を、一定の地域に制限する行為です。テリトリー制も、経済的パワー資源となります。テリトリー制によって、卸売業者や小売業者は営業地域内で有利に販売できるという経済的利益を与えられます。

④製品そのもの

　メーカーの持つ製品自身が、品質が高くて魅力が大きいとき、製品そのものがパワーの源泉になります。チャネルメンバーが製品そのものを取り扱うこと自体が、ライバルより優位に立つことにつながるため、経済的利益を与えていることになります。

⑤マージン

　マージンは粗利益ともいいます。有利なマージンを与えることは、経済的利益そのものです。

### (4) 制裁パワー資源

　制裁パワー資源とは、流通チャネルの中での決定事項に背いた場合に、何らかの制裁が加えられるという可能性や恐れに基づいて発揮されるパワーです。制裁パワー資源には、以下の4つがあります。

　①マージン率の削減
　②出荷停止
　③配達遅延
　④テリトリー保証の撤廃

### (5) 経済的パワー資源の特徴

経済的パワー資源は、チャネルメンバーに対する直接的な動機づけと、統制ができる手段を用いている点に大きな特徴があります。

　経済的パワー資源は、直接的にチャネルメンバーに影響力をおよぼすことができ、短期的な効果が期待できます。一方、チャネルメンバーにとって圧力や強制力になるため、反発を招くきっかけになるというデメリットもあります。

　報酬パワー資源と制裁パワー資源は、表裏一体かつ密接不可分な関係にあります。したがって、報酬パワー資源を増強することは、制裁パワー資源を発揮することと同じ意味合を持つことになります。

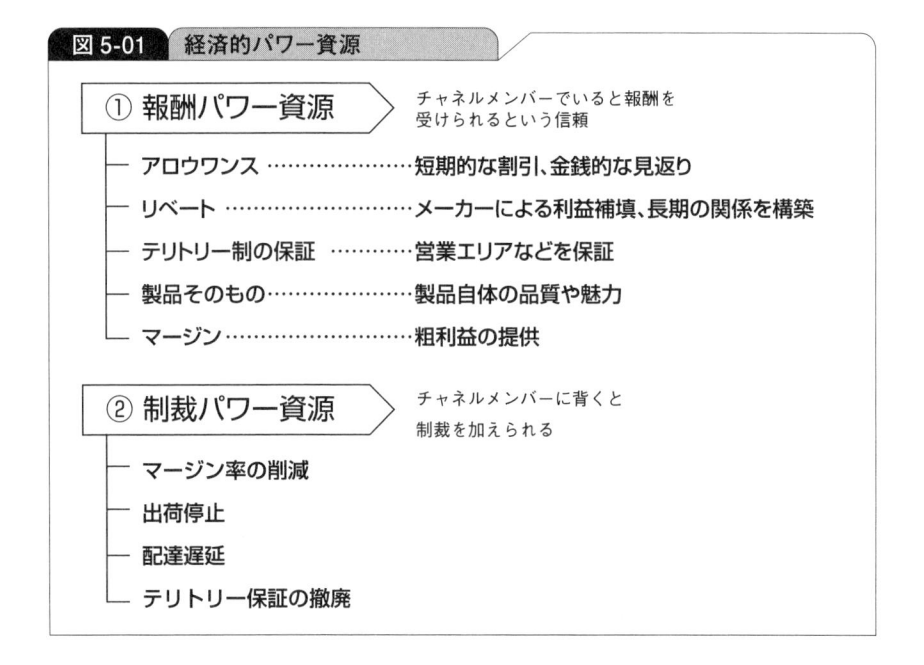

**図 5-01　経済的パワー資源**

① 報酬パワー資源 → チャネルメンバーでいると報酬を受けられるという信頼
- アロウワンス……………短期的な割引、金銭的な見返り
- リベート…………………メーカーによる利益補填、長期の関係を構築
- テリトリー制の保証………営業エリアなどを保証
- 製品そのもの……………製品自体の品質や魅力
- マージン…………………粗利益の提供

② 制裁パワー資源 → チャネルメンバーに背くと制裁を加えられる
- マージン率の削減
- 出荷停止
- 配達遅延
- テリトリー保証の撤廃

PART 5　パワー・コンフリクト理論

section 2　パワー・コンフリクト理論

# 非経済的パワー資源

　前sectionでは、パワー資源のうち、経済的パワー資源についてみてきました。本sectionでは、非経済的パワー資源について理解を深めていきます。非経済的パワー資源は、以下の4つに分類されます。

非経済的パワー資源
- ① 一体化パワー資源
- ② 正当性パワー資源
- ③ 専門性パワー資源
- ④ 情報パワー資源

### (1) 一体化パワー資源

　一体化パワー資源とは、チャネルメンバーが流通チャネル組織と一体化して、強い結びつきを得たいと思っているときに発揮されるパワーです。

　私が自動車のディーラーで、ベンツを取り扱っているとします。私は、今後もベンツというブランドを取り扱うことに誇りを持ち、強い結びつきを得たいと考えるはずです。一体化パワー資源の源泉は、主に有名ブランドを取り扱うディーラーや系列小売店が、メーカーに対して感じている誇りや、結びつきを持っていたいという思いです。

　経済的パワー資源は、チャネルメンバーに対して、圧力や強制力で直接的に影響をおよぼすパワー資源でした。

　一方、一体化パワー資源はチャネルメンバーの内面に作用するもので、

その影響力は間接的となります。一体化パワー資源を維持するためには、ブランドイメージの維持や、チャネルメンバーとの意思疎通に配慮することが必要です。

### (2) 正当性パワー資源

正当性パワー資源は、あるチャネルメンバーが影響力を行使するのは当然で正当性があると、他のチャネルメンバーが認めているときに発揮されるパワー資源です。

セブン-イレブンやローソンは、フランチャイズチェーン（FC）形態で店を展開しています。加盟店は、スーパーバイザーに指示や指導されるのは当然で、正当性があると認めています。

FCは契約に基づいているため、明確な正当性が認められます。しかし、契約に基づかない場合でも、正当性パワー資源が発揮されることがあります。例えば、小規模な小売店が、系列大手メーカーをチャネルリーダーとして認識している場合です。

### (3) 専門性パワー資源

専門性パワー資源は、あるチャネルメンバーが他のメンバーよりも優れた専門能力や技術を持っているときに発揮されます。

チャネルメンバーがリーダーに期待する専門性には、①経営のノウハウや情報収集力、②社員の教育訓練方法、③店舗運営の知識や経験、売れるための品ぞろえ方法、④在庫管理の方法や効率的な仕入れ管理方法、⑤情報システム化等があります。

ただし、リーダーの持つ専門性パワー資源は、他のチャネルメンバーの専門性が高まるにしたがって低下します。つまり、専門性パワー資源は、チャネルメンバー間において絶対的なものではなく、相対的かつ変動するものなのです。

専門性パワー資源を維持するためには、専門能力や技術の向上を図り、ノウハウとして蓄積していく努力が必要です。

### (4) 情報パワー資源

情報パワー資源は、リーダーが持つ情報の質と量のことです。

メーカーの情報パワー資源は、メーカーが持っている製品や技術に関する情報です。卸売業者であれば、卸売業者が持っている新商品情報や各商品の売れ筋・死に筋情報、業界の動向に関する情報です。小売業者やチェーン本部であれば、POSデータから得られる、顧客の需要に関する情報や、会員カード等から得られる顧客情報が該当します。

### (5) パワー関係の変化

近年、流通チャネル間で、パワー資源のシフトが起きています。メーカーから大規模小売店へのパワーシフトが代表的な例です。

家電メーカーとヤマダ電機などの大規模家電量販店をイメージして下さい。家電メーカーの代表的なパワー資源は、①有利なマージン・リベートの提供、販売促進アロウワンスの付与や販売テリトリーの保証といった報酬パワー資源、②メーカーの方針に背いた場合に加えられるマージン率の削減、出荷停止、取引停止、テリトリー保証の撤廃といった制裁パワー資源でした。

これまでは、経済的パワー資源がパワー資源として有効的・効果的に機能していました。

ところが、現在は大規模家電量販店の取り扱うシェアが大きくなり、大量仕入れ・大量販売を背景にした交渉力（バイイングパワー）を強化しました。バイイングパワーを武器に、家電メーカーとの取引を停止する等の制裁パワーを手にしました。さらに、POSデータや顧客情報、独自のシステム開発等による情報パワー資源も強化しました。

### (6) パワー資源によるチャネル管理

　パワー資源によるチャネル管理の仕組みは、基本的に報酬と罰則で成り立っています。チャネルリーダーの期待に応える行動には報酬を、期待に反する行動には罰則を与える、いわゆるアメとムチです。この報酬と罰則が有効性を発揮するかどうかは、チャネルメンバーがチャネルリーダーの持つパワー資源にどれだけ依存しているかによって決まります。

　系列家電小売店が、家電メーカーの持つ製品への依存度が高い場合は、家電メーカーは系列家電小売店に対して大きなパワー（報酬パワー資源）を持ちます。メーカーが小売店の持つ顧客情報等の情報資源に多くを依存している場合は小売店がパワーを持つことになり、小売店がメーカーの持つ情報資源に多くを依存している場合、メーカーがパワーを持つことになります。

図5-02　非経済的パワー資源

❶ 一体化パワー資源
リーダーとの結びつきを維持したい

❷ 正当性パワー資源
リーダーの影響力行使は当然と認める

❸ 専門性パワー資源
リーダーの専門能力に期待

❹ 情報パワー資源
リーダーの持つ情報の量と質

section 3　パワー・コンフリクト理論
# コンフリクトとは

　コンフリクトとは、衝突、葛藤、対立という意味です。流通チャネルは、さまざまな企業（メンバー）から構成されています。さまざまなメンバーが集まれば、それぞれ考え方が違うため、何らかの意見の食い違いや利害の対立が発生します。

　本sectionは、チャネルメンバー間で発生するコンフリクトの発生要因や具体例についてみていきます。

### (1) コンフリクトの発生

　コンフリクトとは、「あるチャネルメンバーが、他のメンバーによって自分の目標達成が妨害されていると感じている状態」です。

　特定のチャネルメンバーが、パワー資源を利用して他のチャネルメンバーを統制しているようにみえる状態でも、各チャネルメンバーは各々独立した企業です。

　当然、チャネルメンバーは、各々の利益や組織の自主性を保ちたいと考えます。そこには、金銭的・心理的な対立関係が発生し、コンフリクトが生じます。

　適度なチャネル内のコンフリクトは、流通チャネルの目的達成について大きな打撃を与えるものではありません。共通の目標達成を目指している同じ組織の中でも、管理部門と営業部門、製造部門と営業部門との間にコンフリクトが生じることがあります。コンフリクトは「自組織の利益を守ろうとする行動」とも定義することができます。

　コンフリクトは必ず内在し、いつでもどの組織にも発生するという前

提に立つと、コンフリクトが適度に管理された状態が、協調関係維持のためには必要です。コンフリクトをいかにコントロールし、管理していくかが、チャネルメンバー相互の発展に不可欠です。

### (2) コンフリクトの発生要因

共通目的達成のために組織されたチャネルメンバーですが、しだいにさまざまなズレが生じてきます。以下の3つのズレが、コンフリクトを発生させる要因です。

　①メンバー間の目標の不一致
　②役割分担の不調和
　③現状認識の不一致

図5-03　コンフリクトの発生要因

**コンフリクトの発生要因**

❶ メンバー間の目標の不一致
　ex) 小売は安く売りたい
　　　VS　メーカーはブランド力を維持したい

❷ 役割分担の不調和
　ex) 本部は十分な指導をしてくれない
　　　VS　加盟店は独自性を出したい

❸ 現状認識の不一致
　ex) 店は顧客ニーズへの対応が必要と認識
　　　VS　メーカーは低価格路線で十分と認識

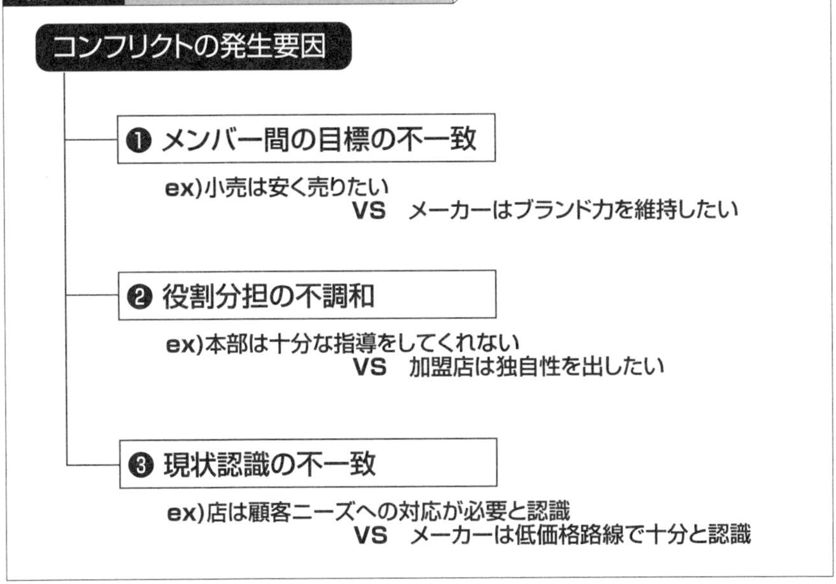

①メンバー間の目標の不一致

　家電量販店と、高品質が売りの大手電機メーカーを例に説明します。家電量販店は、パソコンを仕入売価よりも大幅に安い価格で広告を打ち、大量の販売を狙います。また集客効果を高めるため、有名ブランド機種を目玉商品にします。

　一方、大手電機メーカーにとって、自社の商品が目玉商品にされるとさまざまなデメリットがあります。標準的な価格で販売している他の家電量販店の自社商品の販売額が減少します。対抗して安値で販売を行うと利益が減るため、パソコンの販売意欲が下がり、店頭での販売を見合わせることも想定されます。またそれだけでなく、本当はもともと安い製品を高い値段で売っていたのではないか？　品質が悪化したのではないか？　など、自社のパソコンに対する消費者からの信頼性低下やイメージ悪化も心配です。

　ブランド力を売りに集客を優先させたい家電量販店と、高品質というブランドイメージを維持したい大手電機メーカーとの目標は一致していません。このような状態を、チャネルメンバー間でコンフリクトが発生したといいます。

②役割分担の不調和

　コンフリクトは、チャネルメンバー間における役割分担の調和が乱れ、アンバランスになったときにも発生します。

　経営環境の変化や経営方針の転換によって、あるチャネルメンバーの事業領域が変わることがあります。事業領域が変わると、対象顧客や必要な技術、販売方法も変わります。

　役割分担の不調和によるコンフリクトは、チャネルメンバーの事業領域の変更にともなって、それぞれの果たす役割が変動した際に発生します。

③現状認識の不一致

　目標が一致し、役割分担もしっかりと調和がとれている場合でも、経営環境の変化や競合他社の動向に対するチャネルメンバー間での認識に違いがある場合にはコンフリクトが発生します。

## (3) コンフリクトの機能（プラス面）と逆機能（マイナス面）

　消費者ニーズの多様化にともなって、ビジネス環境も高度化・複雑化しています。環境変化に応じて、柔軟でスピード感ある意思決定を行うことが、企業の成長に不可欠です。多様性に対応しようと行動することは、従来の仕組みの変更をともなうことが多いので、コンフリクトを発生させます。

　コンフリクトにしっかり対応すると、コンフリクトは次のようなプラスの機能を発揮します。

①問題点の早期発見につながり、環境変化に対応した新しいアイデアが誕生する。
②互いに学習しあうことによって、チャネルメンバーが新しい気づきや発見を共有することができる。
③自企業を知ることができるとともに、チャネルメンバー企業についても理解が深まり、チャネルメンバー間のコミュニケーションが活性化される。
④さまざまな角度から検討していくため、質の高い意思決定ができる。

　一方、コンフリクトへの対応を誤ると、チャネル関係や仕組みを崩壊させることになり、次のようなコンフリクトの逆機能を発生させます。

①チャネル内の矛盾と対立を大きくさせる。
②チャネルの発展を阻害する。
③対立が長期化することでチャネル組織が混乱し、最悪の場合、チャネルの崩壊を招いてしまう。

## section 4　パワー・コンフリクト理論
# コンフリクトの制御戦略

　チャネル関係は、チャネルを構築するだけではなく、持続させていくことが重要です。そのためには、チャネル関係を継続的に維持できるように管理していく必要があります。

　しかし、チャネル・システム内においてコンフリクトが発生すると、適正なチャネル管理ができなくなるため、コンフリクトを適切に制御することが重要です。

　相互に攻撃しあうような行き過ぎたコンフリクトは、チャネルとしての成果を低下させる可能性があります。

　一方、コンフリクトが適切に管理されている状態は、チャネルメンバー間でのコミュニケーションが活性化して相互理解が深まるとともに、適度な緊張関係が醸成されます。これにより、チャネルにとってプラスの効果をもたらします。

　L.W.スターンらが提唱したコンフリクトの制御戦略には、次の4つがあります。
　①交渉戦略
　②相互浸透戦略
　③境界戦略
　④超組織戦略

**(1) 交渉戦略**
　コンフリクトが発生した場合には、4つのコンフリクト制御戦略のうち、どれを採用するにしても、コンフリクトの当事者同士で具体的な交

渉が行われます。チャネルメンバー間の相互依存度が低い場合に、交渉戦略がコンフリクトの制御に効果を発揮するといわれています。

交渉には、2つのアプローチがあります。

① 競争的アプローチ

あるメンバーが成果を得た分、他のメンバーがその分利益を失うという認識のもとに行われる交渉です。

② 協力的アプローチ

チャネルメンバーをともに問題解決にあたるパートナーととらえて、表面的な事象のみならず、背景にある両者の具体的ニーズを直視します。相互のコミュニケーションを活性化させて理解を深めながら、互いの利益を尊重する気持ちで行われる交渉です。

交渉が成功した場合、チャネルメンバー間での相互理解・相互浸透が増し、チャネル成果を向上させるプラスの効果を期待できます。一方、表面的な対症療法的な交渉では、しばしば感情面の対立が生じる危険性があります。普段から、コミュニケーションの活性化に留意することが重要です。

### (2) 相互浸透戦略

組織間の相互交流によって、コンフリクトを制御する戦略です。

メーカーは、チャネルメンバー間の人材や情報の交流を深めることによりチャネル間の壁を取り除く努力をしています。

① 人材の交流では、コンフリクトの当事者間で人事交流を行うことにより、相互理解が深まり、両者の壁が低くなります。
② 情報の交流では、メーカーと販売組織との間で合同研修会や業界全体で合同研究会を開催しています。

## (3) 境界戦略

　コンフリクト当事者の境界に位置するもの（主に、セールスパーソン等）に、コンフリクトの解消にあたらせる制御戦略です。組織と組織の接点にいる者を、境界担当者として問題解決にあたらせます。

　メーカーと小売チェーンでコンフリクトが発生した場合には、メーカーのセールスパーソンと小売チェーンの仕入担当者との間でコンフリクトを調整します。消費財メーカーが大手小売チェーンごとに専任の担当者を配置し、消費財メーカーと大手小売チェーンの間でコンフリクトの解決にあてるケースがあります。

## (4) 超組織戦略

　超組織戦略とは、チャネルメンバー間のレベルでコンフリクトを調整するのではなく、上位の組織や第三者機関を介在させてコンフリクトを取り除く戦略のことです。

　超組織戦略の例として、業界団体や裁判所などの上位機関や第三者に、裁定という形で調整を委ねるケースが一般的です。豊富な品ぞろえと低価格を武器にした大型ディスカウントストア（カテゴリーキラー）が出現した場合、カテゴリーキラーの出現を逆手にとって、チャネルメンバーが一緒になって、新たな共同事業を始めることも超組織戦略の例といえます。

　家電業界では、超組織戦略がしばしば活用されています。家電メーカーで構成される業界団体、卸売業者で構成される業界団体、家電量販店や地域の小売販売店が各々で組織する団体が集まり、メーカー希望小売価格や表示価格の問題などを調整しています。

## (5) 今後のチャネル管理の方向性

　今後のチャネル管理の方向性は、チャネルメンバー間でコンフリクト

が発生した場合には、パワー資源に基づく「報酬と罰則」を与えるとともに、適切なコンフリクト制御戦略を採用することです。

従来は、大手のメーカーが大きなパワー資源を持っていました。現在、POSデータや顧客情報などの情報パワーやバイイングパワーを武器に、大手小売業が大きなパワー資源を持つようになってきました。このような状況では、従来の「報酬と罰則」を与えるのみのチャネル管理では十分とはいえません。

今後、効果的にチャネル・システムを運用するためには、L.W.スターンらが社会システム論で提唱した4つの行動（パワー・コンフリクト・役割・コミュニケーション）のうち、それぞれが果たすべき役割とコミュニケーションを重視したチャネル管理が重要になります。

---

**図 5-04　コンフリクトの制御戦略**

**❶ 交渉戦略**
競争的アプローチ……あるメンバーの利益を優先した交渉
協力的アプローチ……お互いの利益を尊重しながら交渉

**❷ 相互浸透戦略**
人的交流……人事交流など
情報的交流……合同研修会など

**❸ 境界戦略**
セールスパーソンなど境界にいるものがコンフリクトを解消

**❹ 超組織戦略**
上位機関や第三者機関に調整を委ねる

section 1　ラインとアイテム
section 2　総合化と専門化
section 3　NBとPB
section 4　製販同盟

# PART 6

# 流通業の
# 品ぞろえ戦略

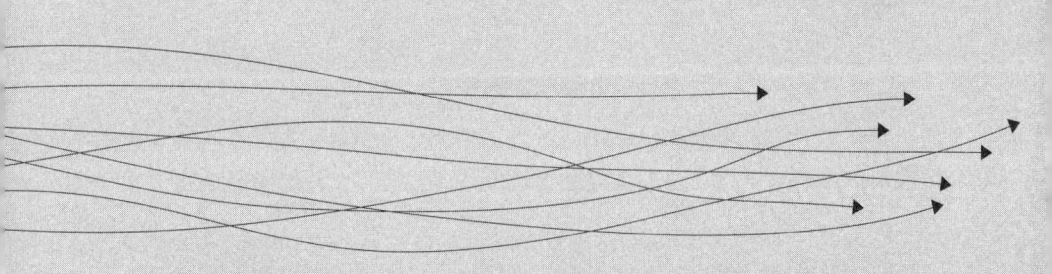

競争に勝つための、
必勝！　品ぞろえ戦略

section 1　流通業の品ぞろえ戦略

# ラインとアイテム

　本sectionでは、商品について詳しく解説します。企業は、ただ単に商品を販売しているわけではありません。企業が目指す経営理念を実現するために、商品・サービスを提供しています。商品について理解した上で、商品ラインと商品アイテムそれぞれが、企業の戦略に応じてどのように組み合わされているのかをみていきます。

**(1) マーケティングにおける商品の重要性**
　マーケティングでは、標的（ターゲット）市場にいかにして働きかけるかが重要です。この市場に働きかける手段を、マーケティング・ミックスといいます。
　マーケティングは、4つのPで始まるキーワードの組み合わせによってターゲット市場に適合（フィット）することを目指します。
①Product（プロダクト：商品）
②Price　（プライス：価格）
③Promotion（プロモーション：販売促進策）
④Place　（プレイス：流通チャネル）
　商品は、マーケティング・ミックスの4Pの中でも重要な要素です。商品を考える際に重要なポイントは次の2点です。
　①一つひとつの商品が、顧客ニーズにフィットしているか
　②商品の組み合わせが、顧客ニーズにフィットしているか
　P.コトラーは、商品を、本質的なサービスと形態、付随的なサービスを組み合わせた「便益の束」と定義しています。

## (2) 商品ライン

　単一商品のみを生産・販売している会社はほとんどありません。かつて、自動車メーカーのフォードは、T型フォードのみを大量生産して販売していました。

　現在、自動車会社はさまざまな車種の自動車を生産・販売しています。高級車・大衆車・小型車・レクリエーションビークル（RV）・スポーツカーなど、多くの種類があります。大衆車の中でも、機能を抑えたモデルから、高機能なオプションのついたモデルまで、多くの商品を取りそろえています。

　商品ラインとは、機能、顧客、流通チャネルなどからみて、密接な関係がある商品の集合体です。日用雑貨メーカーの商品ラインには、シャンプー、石けん、洗顔料、衣料用洗剤などがあります。自動車メーカーの場合、高級車・大衆車・小型車・RV・スポーツカーなどが商品ラインに当たります。

　大手日用雑貨メーカーにとって、シャンプーは多数ある商品ラインの一つにすぎませんが、シャンプーのみを取り扱っている企業にとっては、シャンプーだけが商品ラインとなります。商品ラインは、企業が提供している「商品の幅」です。

## (3) 商品アイテム

　商品アイテムは、一般に「単品」または「品目」といわれます。消費者が認識できる商品の分類のことです。

　日用品メーカーの花王は、「歯磨き」という商品ラインの中に、クリアクリーン、ピュオーラ、つぶ塩、ガードハローなどの品目を保有しています。BMWの3シリーズの中にも、排気量や駆動方式に違いがあり、スポーツパッケージつきのものや、シートも居住性重視のものから走行

性能重視のものがあるなど、同じBMW3シリーズという商品ラインの中でも多様な品目があります。

　一般に、コンビニエンスストアは約3,000、スーパーマーケットは約2万、3,000坪程度の百貨店は約50万～70万アイテムが陳列されているといわれています。

　日本に進出した会員制ホールセールクラブのCostco（コストコ）は、10,000$m^2$を超える広大なスペースに、3,500～4,000アイテムを大量陳列してケース販売して話題になっています。品ぞろえを「狭める・絞る」「広げる」といいますが、それはアイテム数の増減を意味します。

　商品ラインが幅を表すのに対して、商品アイテムは品ぞろえの「深さ」を表しています。商品ラインごとのアイテムの合計を商品の「長さ」といい、企業が取り扱う商品の総取扱量を表します。

### (4)　商品ラインと商品アイテムの組み合わせ

　商品ラインの幅と商品アイテムの深さを組み合わせることで、企業はターゲット顧客のニーズと商品を合致させます。どのように商品ラインと商品アイテムを組み合せるかは、企業の戦略に左右されます。

　企業のマーケットにおける目標シェアや位置づけ、ターゲット顧客に応じて、商品ライン（幅）と商品アイテム（深さ）の組み合わせ（商品ミックス）は変化していきます。

図 6-01　商品ライン・商品アイテムの例

## 花王の商品ラインと商品アイテム（抜粋）

商品ライン 幅 →

商品アイテム 深さ ↓

| シャンプー | 入浴剤 | 衣料用洗剤 | 歯磨き粉 |
|---|---|---|---|
| ・メリット | ・バブ | ・アタック | ・クリアクリーン |
| ・アジエンス | ・エモリカ | ・ニュービーズ | ・ピュオーラ |
| ・エッセンシャル | ・キュレル薬用入浴剤 | ・スタイルフィット | ・つぶ塩 |
|  |  |  | ・ガードハロー |

## BMWの商品ラインと商品アイテム（抜粋）

商品ライン 幅 →

商品アイテム 深さ ↓

| 3シリーズ | 5シリーズ | Xシリーズ |
|---|---|---|
| ・320iセダン | ・525iセダン | ・X3 2.5i |
| ・325iセダン | ・530iセダン | ・X3 2.5si |
| ・320iツーリング | ・525iツーリング | ・X5 3.0i |
| ・M3 |  | ・X5 3.0si |

PART 6　流通業の品ぞろえ戦略

section 2　流通業の品ぞろえ戦略

# 総合化と専門化

　前sectionでは、商品ラインと商品アイテムについてみてきました。本sectionでは、小売業のマーケティング戦略を論じる上で重要な概念であるマーチャンダイジング戦略について触れます。さらに、商品ミックスのうち、総合化（フルライン化）と専門化について詳細にみていきます。

## (1) マーチャンダイジング戦略

　小売業のマーケティングを考える上で重要な概念の一つに、マーチャンダイジング戦略があります。

　小売業が売上を上げるには、顧客ニーズを明確にした上で、それに合致した適切な品ぞろえや方法で販売することが大切です。どの商品をどのくらい仕入れて、価格はこのくらいで、陳列はこのように……など、販売計画→仕入れ→在庫→販売のサイクルに関する販売計画を「マーチャンダイジング（商品計画）」と呼びます。

　マーチャンダイジングを考える上で重要な考え方は、「（マーチャンダイジング活動の）5つの適正」です。

　①適正な商品
　②適正な時期
　③適正な場所
　④適正な価格
　⑤適正な数量

　マーチャンダイジング活動は、5つの適正を確保しながら、顧客満足

度を向上することが重要です。

## (2) 総合化（フルライン化）政策

　総合化政策とは、商品ラインの幅を広げることで、多くのカテゴリーの商品をそろえ、商品ラインの中にもさまざまな商品アイテムを用意するマーチャンダイジング戦略です。総合スーパー（GMS）や百貨店は、総合化政策をとっています。

　総合化政策のメリットは、顧客が1ヶ所で必要な買い物ができることです。このことを、ワンストップショッピングといいます。さまざまな商品ラインとアイテムをそろえるフルラインの店舗では、顧客は別々の店舗を移動して買い物をする必要がなくなり、買物時間を節約することができます。

　総合化政策は、商品を陳列するための広いスペースと、商品を仕入れて在庫するための多額の資金が必要です。ターゲット顧客の幅も広く設定されます。しかし、無制限にアイテムを深くすることは、限りある経営資源の制約の下では不可能です。

　総合化政策では、顧客の来店頻度をいかに向上させるかがポイントです。

## (3) 専門化政策

　専門化政策とは、商品ラインの幅を狭くする代わりに、商品アイテムを深くすることです。洋服・家具・楽器・ジュエリーなどの特定分野において、商品選択の深さと専門性を追求するマーチャンダイジング戦略です。専門店やブティックは、専門化政策を採用しています。

　専門化政策のメリットは、ターゲット顧客層を限定して、商品ラインの幅を狭くするため、①商品陳列のための幅広いスペースが不要、②商品を仕入れて保管する在庫費用がかからない、ことです。

つまり、使用する資源を集中させることができるため無駄が少なくて済み、効率が高くなります。顧客は、特定分野の深いアイテムがそろっているので、さまざまな商品を比較検討して購入することができます。高い専門性と深いアイテムの品ぞろえのため、広域から顧客を吸引することができます。

　商品ラインが狭い専門化政策を採用した場合、品ぞろえの幅は、ある特定分野に偏ったものになります。総合化政策では、ある商品ラインの販売政策が失敗しても、他の商品ラインの成功でカバーすることができます。専門化政策では、リスク分散ができません。専門化政策は、商品ラインを狭く設定することから、多くの来店客数は見込めません。利益を確保するためには、関連商品のついで買いを促すことにより、客単価をアップさせる必要があります。

　専門化政策の代表例として、3つのタイプの専門店を紹介します。マーケットの成熟化にともなって、量より質が求められるようになり、顧客ニーズや嗜好も千差万別です。特定分野の商品を深く豊富にそろえ、専門性・独自性を備えた専門店へのニーズが高まっています。

　専門店は、①業種型専門店、②業態型専門店、③新しいパターンの専門店、の3つに分類できます。

①業種型専門店

　婦人服・紳士服・靴・時計など、特定商品のみに特化した専門店です。ブティックや時計店、靴店などが代表例です。

②業態型専門店

　ターゲットとする顧客層を明確に定めて、顧客のニーズをトータルで満たすことができる専門店です。比較的広い売場を設けて、深い品ぞろえやサービスを提供しています。カー用品専門店では、タイヤ、ホイール、ワイパー、エンジンオイル、カーナビ、カーオーディオの販売および取り付けなど、顧客がワンストップで車に関するあらゆるニーズを満

たすことができます。

　パソコンショップでは、パソコン本体はもちろんのこと、プリンターなどの周辺機器や関連書籍なども販売しています。近年、業態型専門店は急成長しています。

③新しいパターンの専門店

　低価格志向をとらえて、高品質かつ低価格商品を独自に開発・生産・販売するユニクロや、単なるディスカウントストアという枠を超えて、何万点にもおよぶ商品を自社で企画、生産委託して100円で販売する、いわゆる「100円ショップ」などが新しいパターンの専門店です。消費者ニーズをとらえ、独自の発想で商品を提供し続ける仕組みで急成長を遂げています。

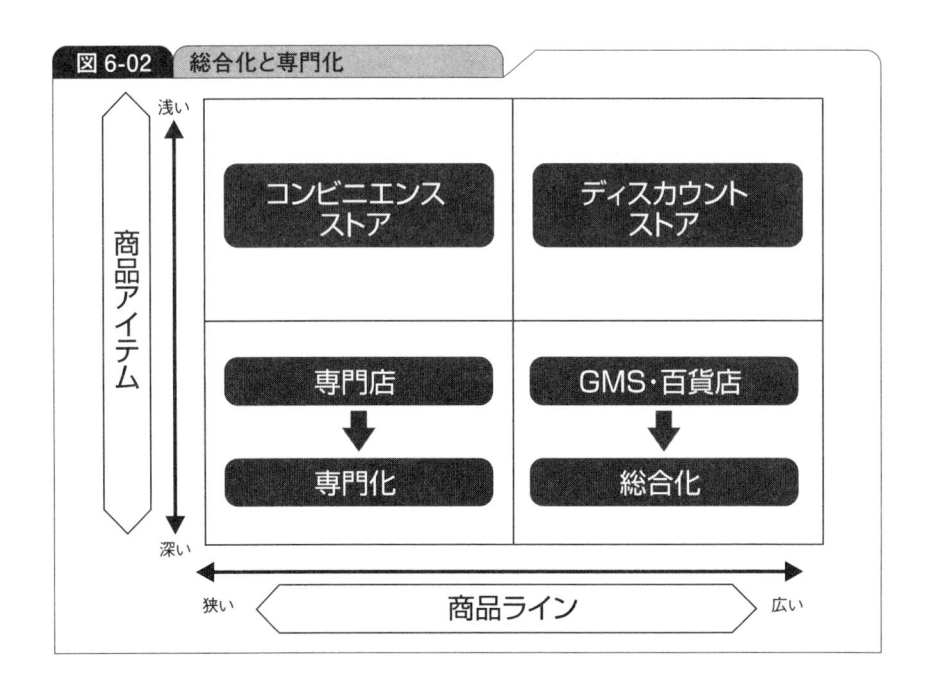

図6-02　総合化と専門化

|  | 商品ライン狭い | 商品ライン広い |
|---|---|---|
| 商品アイテム浅い | コンビニエンスストア | ディスカウントストア |
| 商品アイテム深い | 専門店 → 専門化 | GMS・百貨店 → 総合化 |

PART6　流通業の品ぞろえ戦略

section 3　流通業の品ぞろえ戦略

# NBとPB

本sectionでは、商品を製造形態や提供方法の違いから、ナショナルブランド（NB）とプライベートブランド（PB）に分けてみていきます。

### (1) ナショナルブランド（NB）

NBとは、全国的に販売されていて、広く消費者に知られた製造業者ブランドのことです。NBは、メーカーの長年にわたる商品開発と改良努力により、信用と商品知名度を誇っています。大塚製薬のポカリスエットやネスレのコーヒー、アサヒスーパードライ等がNBの例です。

例えば、知らないメーカーが製造した焼肉のタレとエバラ焼肉のタレが同じ値段で陳列されていたら、どちらを選ぶでしょうか？　多くの人は、知名度の高いエバラ焼肉のタレを選ぶでしょう。

### (2) プライベートブランド（PB）

PBとは、流通業者が独自で開発、所有するブランドです。かつては、流通業者が扱う商品は、メーカーが開発・製造したNBが主流でした。

しかし近年、流通業者がメーカーにオリジナル商品を開発、製品化してもらうケースが増えてきました。製品化された商品は、流通業者のブランド名をつけて、流通業者のオリジナル商品として店頭で販売されています。

PBを開発しているのは、主に大手小売業者や百貨店、そして生協などの流通業者です。流通業者は、依頼した商品をすべてメーカーから買い取って販売するため、NBとは異なり返品はできません。しかし、そ

### 図 6-03　NBとPBの違い

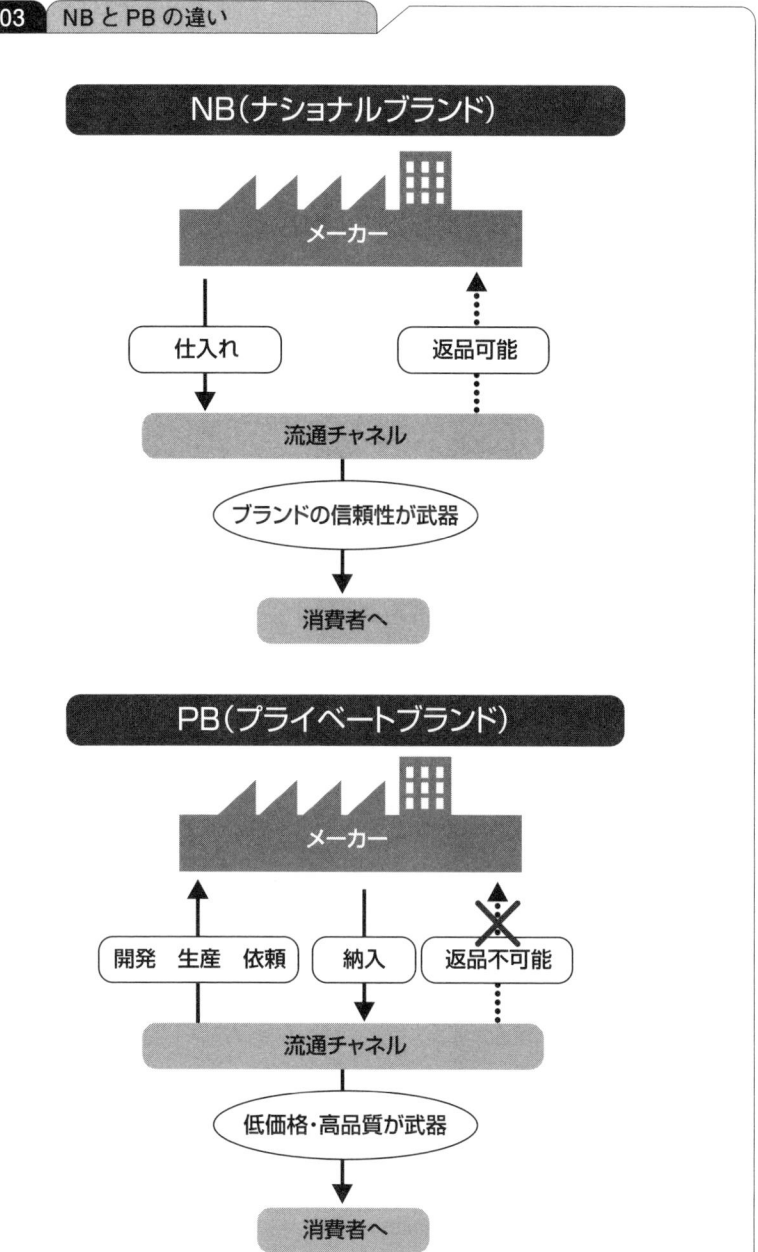

**NB（ナショナルブランド）**

メーカー

　↓仕入れ　　　↑返品可能

流通チャネル

↓ ブランドの信頼性が武器

消費者へ

**PB（プライベートブランド）**

メーカー

↑開発 生産 依頼　　↓納入　　✗返品不可能

流通チャネル

↓ 低価格・高品質が武器

消費者へ

PART 6　流通業の品ぞろえ戦略

の分NBより安い価格で消費者に提供できます。

### (3) PBのメリット

PB開発のメリットは、次の2点です。

①低価格を訴求

　流通業者はメーカーに対して、一度に大量のPBの生産を依頼し、商品をすべて買い取ります。メーカーは、宣伝広告費や販売にかかる人件費などの営業経費がかからないため、販売価格を低く設定することができます。NB商品の半分程度の価格のPB商品も開発されています。販売量が増加すれば、利益率が向上します。

②他社との差別化

　PB商品は、流通業者がオリジナルで開発した商品です。マーケットにおいてひとつしか存在しないオンリーワン商品で、他社と差別化できます。そのため、商品の魅力が増して、売上高の増加が期待できます。

### (4) PBのメリットを発揮するために

　PBのメリットを発揮するための条件として、流通業者のブランド力（信用力）が高いこと、販売力があること、などが重要です。

　消費者は、商品の購入に当たって、さまざまな判断基準によって購買を決定します。安いからといって、ブランド力のない企業の商品は購入しません。

　PBの魅力はリーズナブルな価格です。メーカーに大量に生産を依頼するため、仕入価格を低く設定することができます。しかし、返品のできないPB商品は、流通業者自身がすべてを販売しなくてはなりません。PBとして魅力を持ち続けるためには、ブランド力とともに販売力が必要です。

### 図 6-04　PB の例

出典：イオンのホームページ

### 図 6-05　NB と PB の特徴

|  | NB | PB |
| --- | --- | --- |
| 商品の所有 | メーカー | 流通チャネル |
| ブランド力 | 高い | 低め |
| 販売コスト | 高い | 低い |
| 商品価格 | （PB よりは）高い | （NB よりは）低い |
| 課題 | ブランド力維持 | ・信用力<br>・販売力 |

出典：『2009 年版 マーケティングクイックマスター』木下安司編著（同友館）を一部加筆修正

PART 6　流通業の品ぞろえ戦略

section 4　流通業の品ぞろえ戦略

# 製販同盟

　本sectionは、メーカーと小売業者による共同作業化・統合化の形態である製販同盟（製販連携ともいう）について解説します。製販同盟締結の背景や目的、製販同盟を効果的に機能させるための具体的方法を中心にみていきます。

**(1) 製販同盟の背景**
　かつて、小売業は小規模な形態でバラバラに存在しており、ひとつの小売業の売上高がメーカーの売上高全体におよぼす影響は非常に小さなものでした。
　ところが、昨今のように大規模小売業が成長し、上位集中化が進むと様相は一変します。メーカーの売上高全体に占める特定の大規模小売業の影響が大きくなるにつれて、メーカーの大規模小売業への依存度もしだいに大きくなってきました。
　メーカーへの影響力を強めた大規模小売業は、利益拡大を目指して、より安い有利な仕入れ条件を求めて交渉・提案してくるようになります。メーカー側は交渉が決裂した場合、大きな売上機会を失うことになるため、取引交渉やフォロー等のコストが上昇します。
　一方、大規模小売業でも、より有利な条件を引き出すための交渉コストがかさむことになり、メーカー・大規模小売業ともお互いの利益に悪影響をおよぼすことになります。
　各自の利益を得ようとする行動ばかりでは、互いの成長は見込めません。メーカーと大規模小売業とが、互いに手を握ることで、消費者の利

### 図 6-06　製販同盟とは

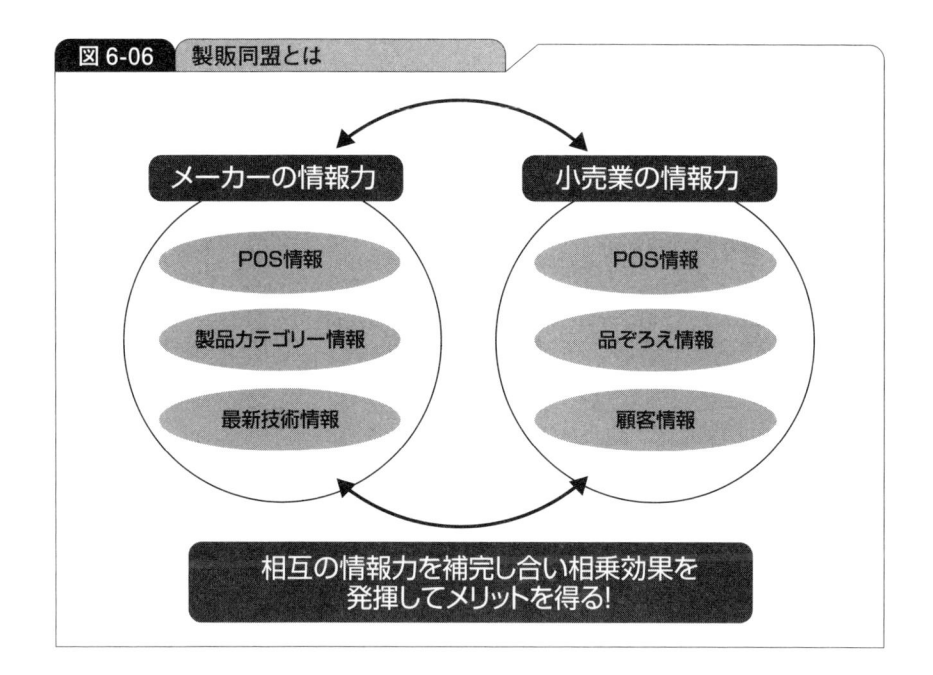

```
メーカーの情報力  ←→  小売業の情報力
 ・POS情報              ・POS情報
 ・製品カテゴリー情報    ・品ぞろえ情報
 ・最新技術情報          ・顧客情報

相互の情報力を補完し合い相乗効果を
発揮してメリットを得る！
```

便性を向上させながら、競争上有利な関係・体制を作ろうとする戦略的な行動がみられるようになりました。

製販同盟の代表的な例として、アメリカの大手トイレタリー・メーカーのP&Gと世界最大の小売業ウォルマートとの製販同盟が有名です。ウォルマートがP&Gに対して、店頭の在庫管理の効率化について提携を申し出たのがきっかけでした。ウォルマートが、独自に行ってきた店頭での販売情報や在庫情報をリアルタイムでP&Gに提供することによって、P&Gは生産の効率化を実現することができます。ウォルマートは、在庫管理コストを削減できます。

日本では、花王とジャスコ（イオン）との間で結ばれた、情報システムの共有化・在庫管理の共同化による製販同盟が有名です。

## (2) 製販同盟の目的

製販同盟の目的は次の2点です。

①効率化の実現

　メーカーと小売業が、独自に実行・管理してきた受発注・物流管理、在庫管理、販売情報管理等の活動について、IT（情報技術）を活用することにより情報の共有化を行い、メーカーと小売業双方の効率化を実現し、コストを削減します。

②相乗効果の発揮

　メーカーと小売業が、それぞれの強みを活用しあうことによって、生産から販売にいたるまでのプロセスを、円滑にムダなく実行できるようになります。情報の共有化によって、顧客ニーズにあった製品づくりと顧客創造を目指して、メーカーと小売業が個々に取り組む以上の成果を獲得します。

　つまり、相乗効果を発揮します。メーカーの強みである技術力・商品知識・生産力と、小売業の強みである顧客情報力・在庫情報力・販売力を組み合わせて、相乗効果を発揮します。

## (3) 製販同盟の方法

　製販同盟は、①機能面での製販同盟、②包括的な製販同盟、の2つに分類できます。

①機能面での製販同盟

　機能面での製販同盟とは、業務遂行機能面に限定した提携関係のことです。業務遂行機能とは、具体的には店頭の品ぞろえを最適化し、同時に商品の供給をタイムリーにすることで、効率化を実現することです。流通サービス活動をスムーズにしながら、在庫の圧縮によりコストを削減します。

　機能面での製販同盟の代表例として、アパレル業界のQR（Quick

Response）と、日用雑貨・加工食品業界のECR（Efficient Consumer Response）があります。

②包括的な製販同盟

　包括的な製販同盟とは、商品の共同開発も含めた戦略的連携をいいます。具体的には、メーカーと大規模小売業でPBを共同開発することがあげられます。

　最近では、メーカーはある特定の大規模小売業者との結びつきに頼りっ放しではありません。例えば、惣菜分野ではセブン-イレブンと、冷凍食品分野ではイオンと共同開発するなど、商品カテゴリーごとに複数の大規模小売業と提携し、取引先を減少させることなく連携を強化する事例が増えています。

## (4) 流通系列化との違い

　製販同盟と流通系列化の違いについて触れます。

　市場でのオープンな競争の結果、企業が成長して少数の特定企業によって市場の過半が占められる、寡占が発生します。寡占メーカーは、確実に自社の製品を消費者に販売するために、流通プロセスを自社の支配下において、自社のために卸売業や小売業をコントロールしようとします。つまり、卸売業者と小売業者を再編して系列化していきます。これを流通系列化といいます。

　かつて街角にみられた「日立のお店」は、大手家電メーカー日立の系列店です。トヨタなどの自動車メーカーも、自社の系列店をディーラーとして組織化して、最終消費者に自動車を販売しています。

　流通系列化は、メーカーが流通過程にある卸売業者や小売業者を再編し、自身の系列にすることです。一方、製販同盟は、各々独立性を保ちつつ、対等な立場でさらなる成長発展に向けて戦略的に連携体制を構築することです。

section 1　化粧品の流通構造
section 2　酒類の流通構造
section 3　生鮮食品の流通構造
section 4　加工食品の流通構造
section 5　出版物の流通構造
section 6　衣料品の流通構造

# PART 7

# 商品別の
# 流通構造

**商品が変われば
流通チャネルも変わる!
驚きの商品別流通構造**

section 1　商品別の流通構造

# 化粧品の流通構造

　化粧品は、資生堂、カネボウ、POLA、オルビス、ファンケル、無印良品など、多くのメーカーが取り扱っています。扱う商品の種類（アイテム数）が非常に多いことが特徴です。
　本sectionでは、化粧品の流通構造についてみていきます。

**(1) 化粧品の概要**
　化粧品は、大きくコスメティック品とトイレタリー品に分けることができます。コスメティック品には、基礎化粧品、メイクアップ用品、香水、頭髪用化粧品などがあります。基礎化粧品には、化粧水、乳液、洗顔フォーム等が、メイクアップ用品には、口紅、チーク、マスカラなどがあります。トイレタリー品には、石けん、歯磨き用品、シャンプー、リンス、制汗スプレー、育毛剤等があります。

**(2) 化粧品の流通構造**
　化粧品の流通形態は、以下の5つに分類されます。
①制度品チャネル
　化粧品メーカーの系列販売会社や系列小売店を通じて、販売する流通形態です。
②一般品チャネル
　化粧品メーカーから、卸や特約代理店を経由して、量販店や一般小売店から消費者へ販売する流通形態です。
③業務用品チャネル

図 7-01　化粧品分野の流通形態

化粧品メーカー
├─→ 系列販売会社 →  系列小売店 → 消費者へ → 制度品チャネル
├─→ 卸・特約代理店 → 量販店・一般小売店 → 消費者へ → 一般品チャネル
├─→ 代理店 → 美容院・理容店 → 消費者へ → 業務用品チャネル
├─→ 特約代理店の販売員 → 消費者へ → 無店舗販売チャネル
└─↔ テレビ・インターネット → 消費者へ → 通信販売チャネル

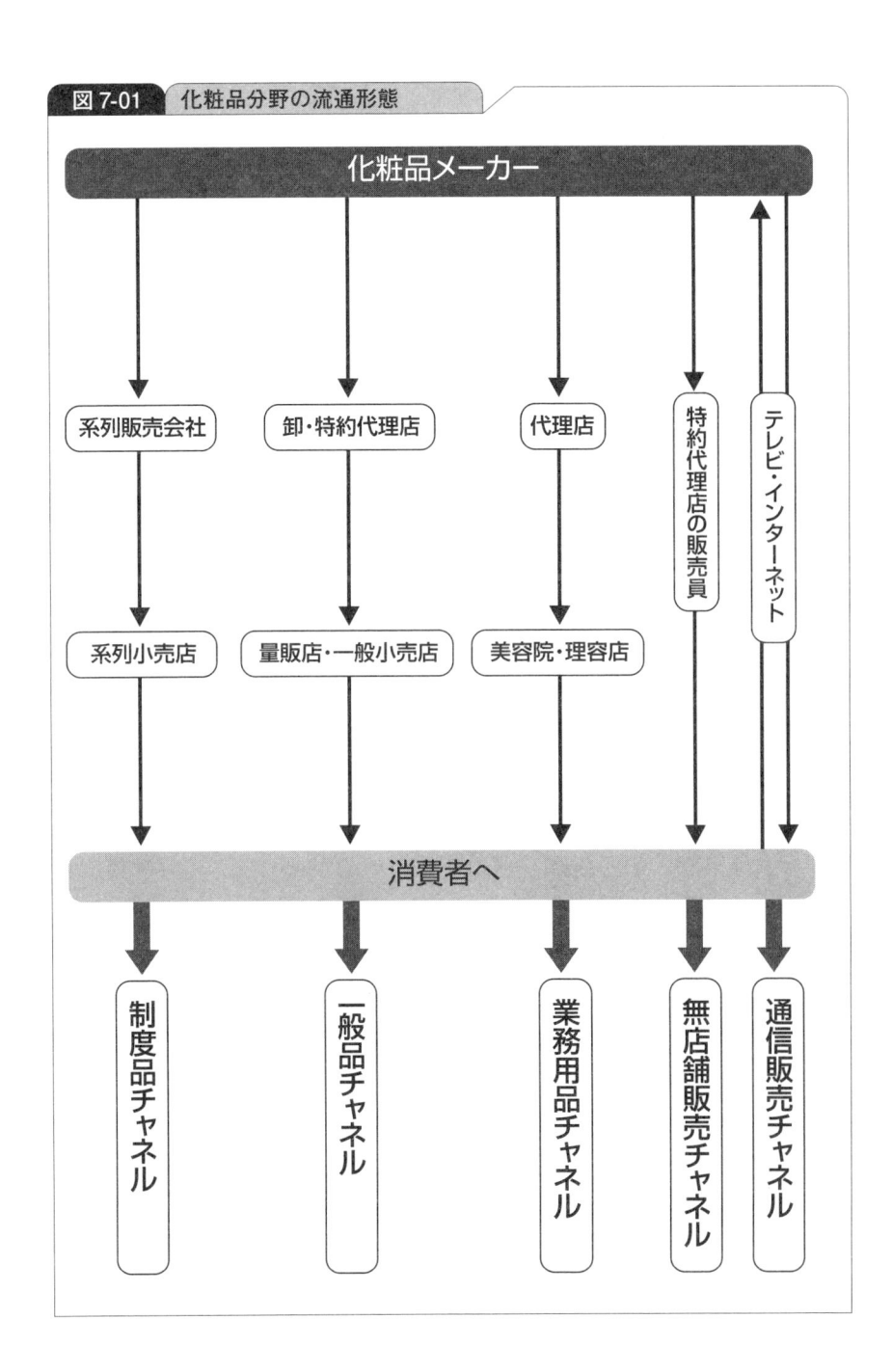

PART 7　商品別の流通構造

化粧品メーカーから代理店を経由して、美容院や理容店から消費者へ販売される流通形態です。
④**無店舗販売チャネル**

化粧品メーカーの特約代理店に属する訪問販売員を通じて、消費者へ販売する流通形態です。
⑤**通信販売チャネル**

消費者がテレビやカタログ、インターネットを通じて、直接化粧品メーカーから購入する流通形態です。

化粧品は、化粧品メーカーを中心に、複雑かつ複数の流通形態が存在することが特徴です。

## (3) 化粧品の流通構造の変化

メーカーを中心にした流通形態を持つ化粧品は、①薬事法の改正、②再販制度の廃止、③流通革新、によって流通形態に変化が起きています。
①**薬事法の改正**

日本の化粧品は、薬事法で規制されています。歯磨き粉やシーブリーズなどのローション、乳液などには、医薬部外品と表示されています。薬事法によって、表示が義務づけられているからです。2001年に、化粧品規制が緩和されました。

これまで、個々の商品に対して厚生労働大臣の承認や許可が必要でしたが、廃止されました。しかし、化粧品を製造する際に使用できる成分や配合できない成分等に対する規制は残っています。

規制緩和によって、外国の化粧品メーカーが日本に進出しやすくなり、新規に参入してきたことで、日本独特の複雑で複数の流通形態も変化し始めています。
②**再販制度の廃止**

再販制度とは、再販売価格維持制度のことで、独占禁止法で禁止され

ています。再販制度は、メーカーが販売業者に定価での販売を義務づけて、守らせる制度です。かつては、化粧品分野でもメーカーが系列販売会社や系列小売店に定価での販売を義務づけていました。現在、自由競争の観点から、化粧品の再販制度は禁止されています。

再販制度の廃止によって、従来のメーカー中心の系列販売会社や系列小売店での販売という流通形態だけでなく、さまざまなメーカーの化粧品を通常より低価格で販売するマツモトキヨシのようなドラッグストア業態が台頭しています。

③流通革新

化粧品では、従来の系列販売会社や系列小売店だけでなく、マツモトキヨシなどのドラッグストアや、コンビニエンスストアでの販売が活発になってきています。従来の流通形態が大きく変化する中で、多くの提携や経営統合が行われています。

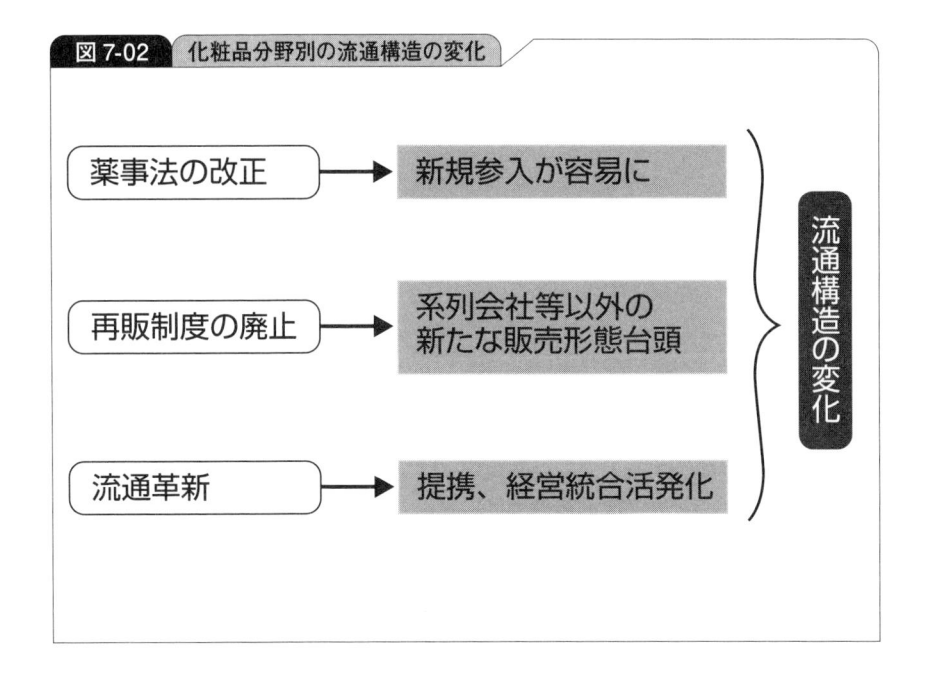

**図7-02　化粧品分野別の流通構造の変化**

薬事法の改正　→　新規参入が容易に ┐
再販制度の廃止　→　系列会社等以外の新たな販売形態台頭 ├ 流通構造の変化
流通革新　→　提携、経営統合活発化 ┘

section 2　商品別の流通構造

# 酒類の流通構造

　酒類はどのような流通経路で手元に届くのでしょうか。本sectionでは、酒類業界の特徴を紹介した後、流通形態について詳しくみていきます。

**(1) 酒類業界の特徴**
　酒類業界の特徴は、①酒類免許制度、②酒税負担、の2つがあげられます。
①酒類免許制度
　酒類を消費者や飲食店に販売するには、酒類の販売免許が必要です。かつての免許制度には、「需給調整要件」という、新規免許取得を制限する規制がありました。需給調整要件には、距離基準と人口基準の2種類あります。距離基準は、免許を持っている既存の酒類販売店との距離を、一定以上離さなくてはいけないという規制です。人口基準は、その地域の人口に応じて免許の枠を決めるという規制です。
　需給調整要件は、新たな酒類小売業の市場への参入を困難にし、消費者の利益向上や物流の効率化の障害になります。規制緩和の流れの中、需給調整要件は廃止されました。2003年9月から、酒類販売免許取得は、事実上自由化(滞納処分歴・経営能力など人的要件のみあり)されました。
②酒税負担
　私たちが普段購入する商品の中で、租税を負担する商品はあまりありません。酒類は、酒税を負担するという特質を持っています。

**(2) 酒類の流通形態**

酒類の流通形態は、次の3つに分類されます。
①メーカーから1次卸・2次卸を経て小売店、消費者
　（コンビニエンスストアは、メーカーから卸を経て消費者）
②メーカーから小売店を経て消費者
③メーカーから直接消費者

特定銘柄の清酒などの流通では、卸売業者や小売業者を特約化して、限られた流通形態（クローズド・チャネル政策）をとるケースもあります。

### (3) 酒類販売小売業者の形態

酒類は一般的に、メーカーから卸、小売業者を経て消費者の手元に届きます。酒類販売小売業者は、①一般酒販店、②コンビニエンスストア、③スーパーマーケット、④量販店（酒ディスカウントストア）、⑤業務用酒販店、⑥その他、に分類されます。

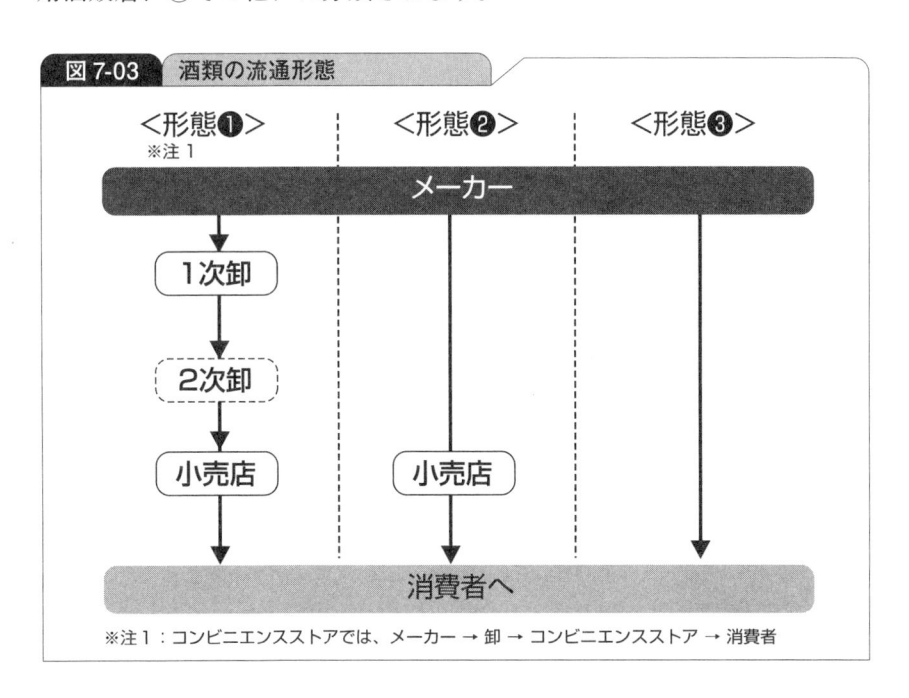

**図 7-03　酒類の流通形態**

```
        <形態❶>        <形態❷>        <形態❸>
        ※注1
    ┌─────────────────────────────────┐
    │            メーカー              │
    └──┬──────────────┬──────────────┬──┘
       ▼              │              │
    ┌─────┐           │              │
    │1次卸│           │              │
    └──┬──┘           │              │
       ▼              │              │
    ┌─────┐           │              │
    │2次卸│(破線)      │              │
    └──┬──┘           │              │
       ▼              ▼              │
    ┌─────┐       ┌─────┐            │
    │小売店│       │小売店│            │
    └──┬──┘       └──┬──┘            │
       ▼              ▼              ▼
    ┌─────────────────────────────────┐
    │            消費者へ              │
    └─────────────────────────────────┘
```

※注1：コンビニエンスストアでは、メーカー → 卸 → コンビニエンスストア → 消費者

PART 7　商品別の流通構造

酒類販売免許の自由化で、新規参入者の増加や流通の効率化が進みました。自由化によって、酒類小売業者の形態も変化しています。

① 一般酒販店

　消費者に酒類を販売する小売業者で、「酒屋」と呼ばれている酒販店です。小規模な経営を営んでおり、量販店の新規参入で経営が圧迫される一般酒販店が増加しています。

　一般酒販店の販売場数は、平成13年に酒類販売小売業者の中での構成比が69.8%ありましたが、平成18年には49.3%と構成比は依然高いものの、大きくシェアを下げています。販売数量についても、ディスカウントストア等での低価格販売の影響を受けて、平成13年の構成比55.1%から、平成18年では27.9%と売上を大きく低下させています。

② コンビニエンスストア（コンビニ）

　酒類を販売しているコンビニには、もともと酒類販売免許を取得していた一般酒販店がコンビニへ転換したものと、新たに酒類販売免許を取得したものがあります。酒類販売免許の原則自由化によって、酒類を販売するコンビニは増加しています。販売場数は、平成13年での構成比16.9%から、平成18年では25.4%と増加しています。

③ スーパーマーケット

　スーパーマーケットは、食品や日用雑貨品などを中心に扱っています。平成18年時点の販売場数の構成比は11.4%と小さい一方、販売数量構成比では29.4%と、一般酒販店を抜いてトップになっています。

④ 量販店（酒ディスカウントストア）

　量販店は、大量仕入れ・大量販売という規模の大きさを活かして低価格での販売を武器に急成長しました。一般酒販店にとっては、量販店の価格競争力は大きな脅威になっています。

⑤ 業務用酒販店

　業務用酒販店は、居酒屋・スナック等に酒類を販売する小売業者です。

### 図 7-04　酒類販売小売業者の構成比

形態別販売場数

| 業態 / 区分 | 販売場数 | 構成比 |
|---|---|---|
| ①一般酒販店 | 71,530 場 | 49.3 % |
| ②コンビニエンスストア | 36,897 | 25.4 |
| ③スーパーマーケット | 16,548 | 11.4 |
| ④百貨店 | 465 | 0.3 |
| ⑤量販店 | 2,269 | 1.6 |
| ⑥業務用 | 937 | 0.6 |
| ⑦ホームセンター・ドラッグストア | 3,091 | 2.1 |
| ⑧その他 | 13,380 | 9.2 |
| 合計 | 145,117 | 100.0 |

形態別小売販売数量

| 業態 / 区分 | 合計小売数量 | 構成比 |
|---|---|---|
| ①一般酒販店 | 2,282,407 kl | 27.9 % |
| ②コンビニエンスストア | 926,224 | 11.3 |
| ③スーパーマーケット | 2,400,762 | 29.4 |
| ④百貨店 | 91,625 | 1.1 |
| ⑤量販店 | 990,175 | 12.1 |
| ⑥業務用 | 268,261 | 3.3 |
| ⑦ホームセンター・ドラッグストア | 216,800 | 2.7 |
| ⑧その他 | 996,593 | 12.2 |
| 合計 | 8,172,846 | 100.0 |

出典：平成18年度酒類小売業者の経営実態調査結果（国税庁ホームページ）

section 3　商品別の流通構造

# 生鮮食品の流通構造

　青果物（野菜と果物）、鮮魚、精肉を合わせて、生鮮三品と呼びます。生鮮食品は工業製品と違い、流通量や価格が季節や天候によって大きく変化します。本sectionでは、生鮮三品のうち、青果を中心に流通構造の特徴をみていきます。

## (1) 卸売市場流通

　青果物の流通は、卸売市場を通じて取引される「卸売市場流通」と市場外で取引される「市場外流通」に分けられます。青果流通の基本、「卸

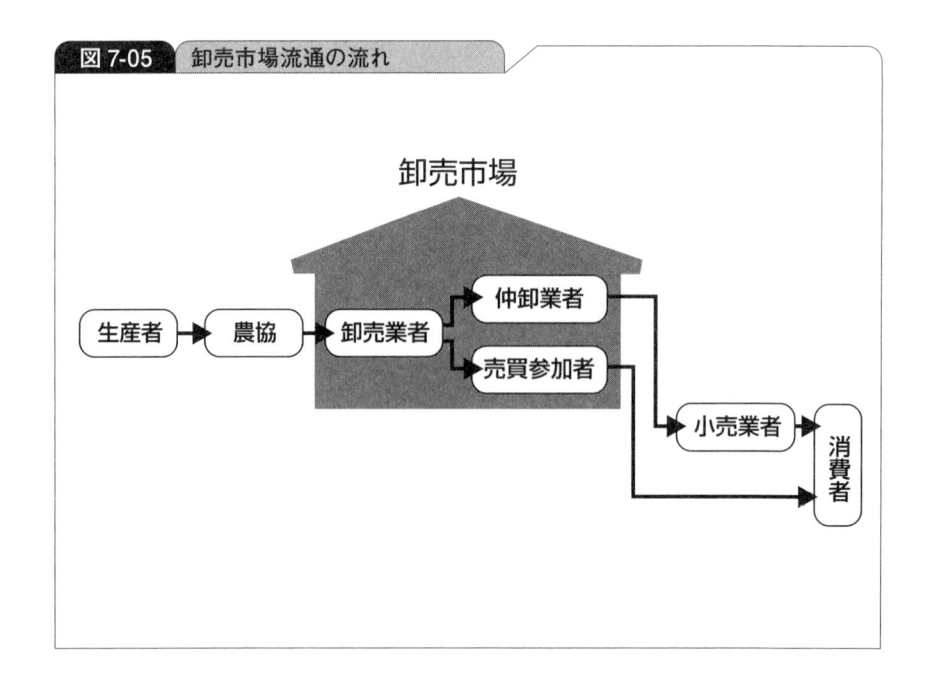

図 7-05　卸売市場流通の流れ

卸売市場

生産者 → 農協 → 卸売業者 → 仲卸業者 / 売買参加者 → 小売業者 → 消費者

売市場流通」をみていきます。

　卸売市場は、1923年に制定された中央卸売市場法に基づいて整備され、青果物流通の要を担ってきました。農家で収穫された青果物は、販売委託先の農協に納められます。農協は、農家から集めた青果物の販売を卸売業者に委託します。卸売業者は、手数料をとって市場でセリに参加します。卸売業者は、セリで高値をつけた仲卸業者・売買参加者に商品を売り渡します。仲卸業者は、セリ落とした商品を小売業者に売却します。小売業者自らが、セリに参加する場合もあります。このような流れを経て、青果物は消費者の元に届くのです。

　青果物の多くは卸売市場を通して流通していますが、その割合は年々低下しています。1991年には、卸売市場経由率は80％を超えていましたが、2006年には65％を切っています。卸売市場の経由率が下がっている最も大きな要因は、スーパーマーケットが市場外取引の比率を高め

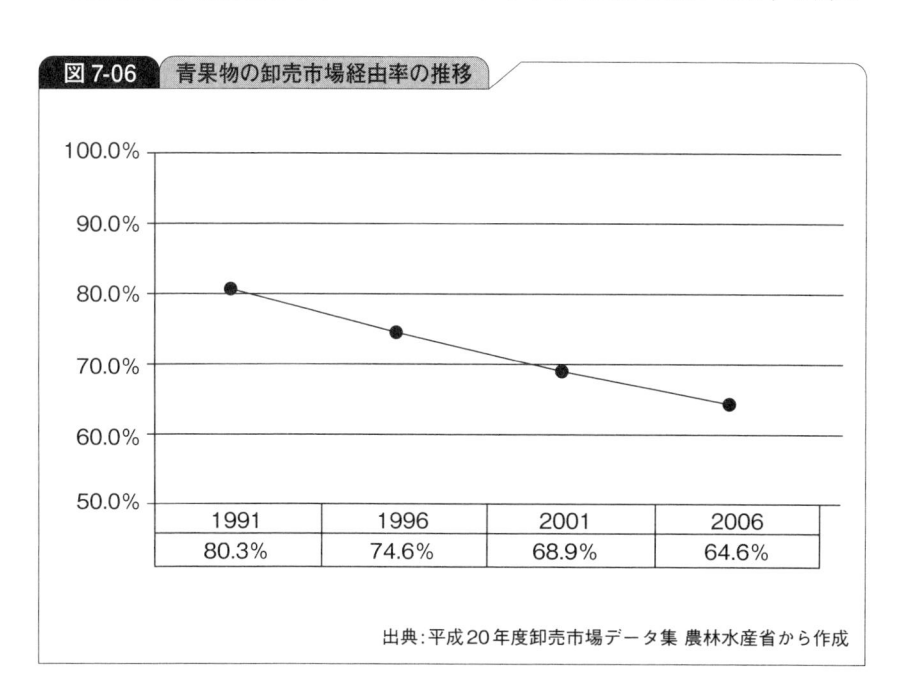

**図 7-06　青果物の卸売市場経由率の推移**

| | 1991 | 1996 | 2001 | 2006 |
|---|---|---|---|---|
| | 80.3% | 74.6% | 68.9% | 64.6% |

出典：平成20年度卸売市場データ集 農林水産省から作成

ているからです。仕入量の安定や大量購入による購入価格の低減、生産方法や品質の指定など、セリ取引では実現が困難なため、農家との直接取引が拡大しているのです。

### (2) 人気の農産物直売所

　市場流通では、多段階の流通経路を経るため、収穫してから消費者の手に届くまでに時間がかかります。トマトやイチゴなどは、赤く熟してから出荷すると消費者の手に届くまでに傷んでしまいます。そのため、熟す前に出荷します。流通にかかる時間を考慮して、店頭に並ぶ頃、赤々とした色になるよう調整しているのです。赤くなるまで熟したイチゴと、白い段階で摘み取られたイチゴでは、甘さがまったく違います。

　熟した採れたての野菜や果物を置いているのが、全国の農産物直売所です。農協や地方公共団体、第三セクターが設けた常設のものや、定期的に行われる朝市、日曜市など、形態はさまざまですが、おいしい農作物が買えると人気です。朝採れた野菜や果物がその日のうちに店頭に並ぶので、一般の小売店の商品よりおいしいものがそろっています。完熟トマトやイチゴは、直売でなければなかなか私たちの手に入らないものです。一般の流通には乗りにくい、規格外の野菜が安く手に入ったり、収穫量が少ない地域独特の伝統野菜なども直売所で購入できます。

　生産者にとっても、直売所は消費者の顔が直に見られる場です。多くの農家は、野菜に自分の名前をつけて売っています。農協を通しての流通では、他の生産者より品質の高いものを作っても、それが評価されることはありません。直売所で直に消費者に売ることで、努力が正当に評価され、生産者のやりがいにもつながります。

　常設の直売所では、出品する農家に売れ行き状況をメールで知らせ、品切れを起こさない工夫をしているところもあります。他の生産者と売れ行きを比較することもでき、生産者同士の競争を促しています。

図 7-07　直売所の例

高知の日曜市は、毎週日曜日に路上で開催されている市で、300年の歴史があります。高知城の東に、約1kmもの露店が並びます。農作物を中心に、金物や植木などさまざまな商品が売られています。1日15,000人が訪れます

### (3) 伸びるネット生鮮品販売

　実店舗による直売所の他に、インターネットを利用した野菜の販売も人気を集めています。食の安全が不安視される昨今、信頼できる生産者から直接生鮮品を買いたい消費者は増えています。農産物のインターネット販売は、供給源となる生産者の数が限られるため、安定した商品供給ができません。こうした状況の中で業績を伸ばしているのが、ベンチャー企業のオイシックスです。2000年の開業から、有機野菜や健康食品のインターネット販売で順調に業績を伸ばしています。生産者の顔が見えること、流通に乗らない規格外の商品を安く手に入れられることなど、直売所と同様のメリットを、通信販売でありながら実現しています。安心でおいしい食品を求める需要が、新しいビジネスチャンスになっています。

section 4　商品別の流通構造
# 加工食品の流通構造

　スーパーマーケットやコンビニエンスストアに行くと、さまざまな加工食品が並んでいます。私たちにとって、加工食品は最も身近な商品です。本sectionでは、加工食品の流通についてみていきます。

## (1) 加工食品の種類

　私たちの食事は、加工食品なくしては成り立たなくなっています。加工食品は加工の度合から、1次加工食品、2次加工食品、3次加工食品に分かれます。

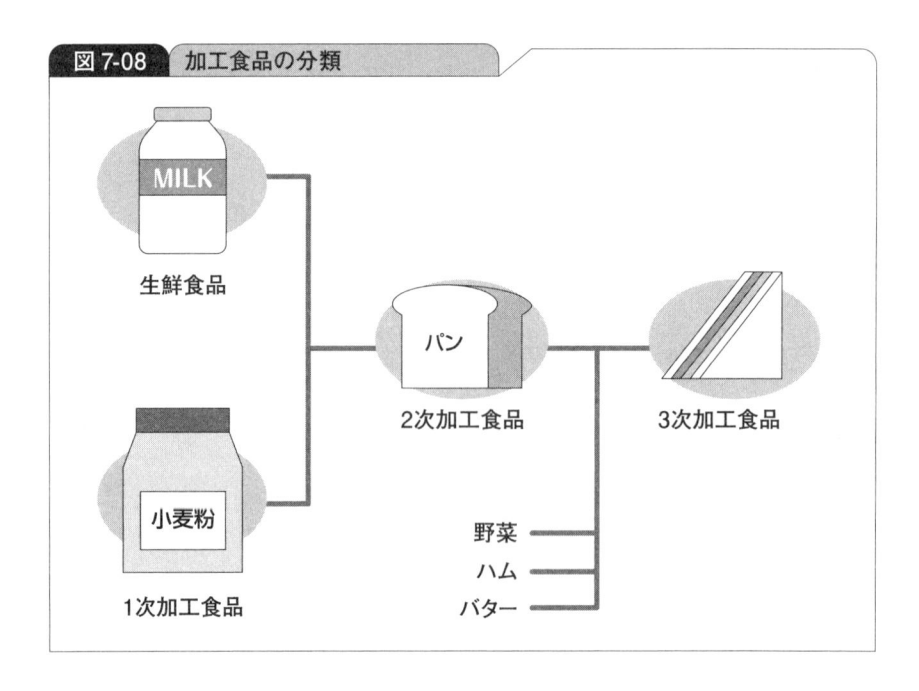

**図7-08　加工食品の分類**

- MILK　生鮮食品
- 小麦粉　1次加工食品
- パン　2次加工食品
- 3次加工食品（野菜／ハム／バター）

1次加工食品は、生鮮食品に最小限の加工をしたものです。砂糖や白米、食用油、味噌や醤油などです。2次加工食品は、生鮮食品や1次加工食品を2種類以上使って、元の食材とは別の食材に加工したものです。3次加工食品は、複数の生鮮食品、1次・2次加工食品を使ってまったく別の食品に加工したものです。冷凍食品やインスタント食品、惣菜などがあげられます。

　昨今、家庭での消費が増えているのは、3次加工食品です。買ってきてすぐに食べられる商品の増加によって、家庭での調理の手間は格段に減っています。

### (2) 種類ごとの温度別配送

　以前、ベトナム旅行の際、荷台に生きた豚を縛り付けて走るバイクを見かけました。冷蔵用トラックが普及していないベトナムでは、食肉用の豚は生きたまま運ばなくてはならないのです。農村部では、肉屋にも冷蔵庫がありません。直前に切った肉を並べて、屋台で売っています。

　現在の日本では、上記のような光景を見ることはありません。加工食品は種類に応じて、温度帯別に配送されます。調味料やレトルト食品は常温配送、おにぎりや焼きたてパンは20℃の保温配送、牛乳、デザートは5℃のチルド配送、冷凍食品やアイスクリームは−20℃で冷凍配送されます。温度帯管理によって、安全でおいしさを保ったまま、工場から小売店まで商品を届けることができます。食の安全への関心が高まる中、配送時の品質管理が重要になっています。私たちが手軽に加工食品を買えるのは、このような仕組みがあるからです。

### (3) トレーサビリティ

　食の安全が不安視される中、重要視されているのがトレーサビリティです。トレーサビリティとは、原材料の収穫から加工・流通の各段階を

通じて、食品の移動を把握できることをいいます。2003年から、BSE問題を契機として、牛肉のトレーサビリティが確立されています。国内で生まれた牛は、個体を識別する番号がつけられ、どのような経路で売られたかが把握できるようになっています。

　トレーサビリティを実現することで、食料品に関して、異物の混入や食中毒などの問題が起こったとき、迅速な商品回収や問題発生箇所の特定、安全な他の流通ルートを確保できます。

　トレーサビリティは追跡を可能にし、問題が起きたときの対応をしやすくする仕組みです。トレーサビリティが確立していることが、即座に食の安全につながるわけではありません。本当の意味での安全を保つには、生産から小売の各段階において、鮮度管理、品質管理を徹底する必要があります。

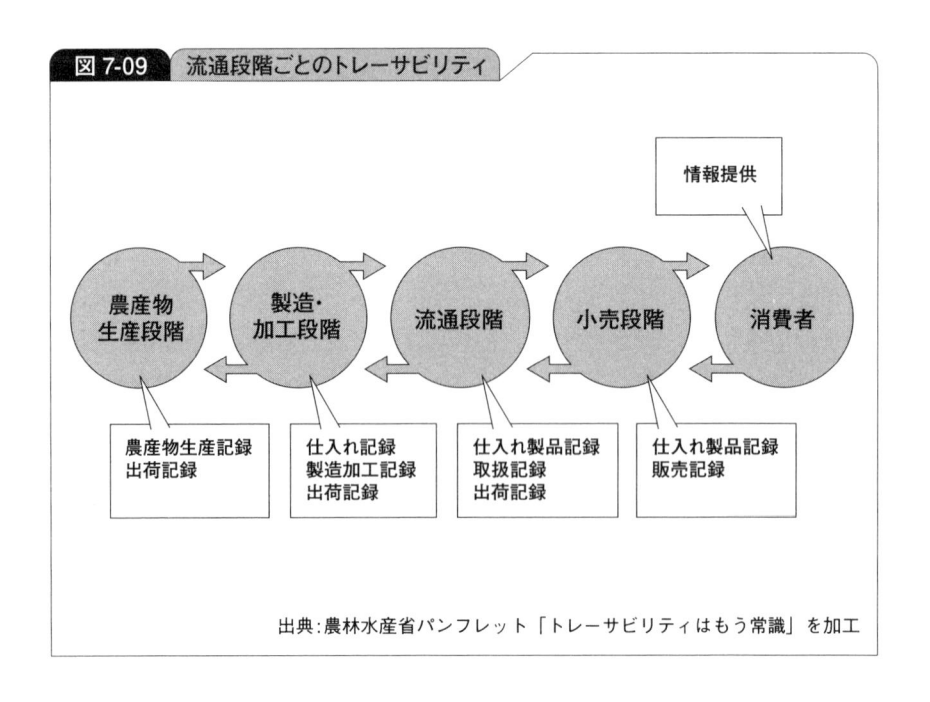

**図 7-09　流通段階ごとのトレーサビリティ**

農産物生産段階 → 製造・加工段階 → 流通段階 → 小売段階 → 消費者（情報提供）

- 農産物生産段階：農産物生産記録、出荷記録
- 製造・加工段階：仕入れ記録、製造加工記録、出荷記録
- 流通段階：仕入れ製品記録、取扱記録、出荷記録
- 小売段階：仕入れ製品記録、販売記録

出典：農林水産省パンフレット「トレーサビリティはもう常識」を加工

## (4) 拡大する中食市場

加工食品の中で、市場が拡大しているのが「中食」と呼ばれる惣菜です。飲食店で食べる「外食」と、家庭内で調理する「内食」の中間的な存在です。単身世帯や核家族の増加、女性の社会進出により、手間をかけずに家庭で多彩な料理を楽しめる中食が伸びています。

総務省の家計調査によれば、世帯当たりの調理食品（中食）の支出は一貫して伸びています。惣菜の市場規模は、日本惣菜協会の統計によると、2007年時点で8兆円弱にまで拡大しています。

中食業界は保存期間が短いことから、全国展開が難しい業界です。また、大きな設備投資が不要なことから、新規参入がしやすいため、中小企業が多く、寡占化しにくい業界です。おいしく安全な商品を提供すれば、中小企業も大企業と対等以上に渡り合える業界です。

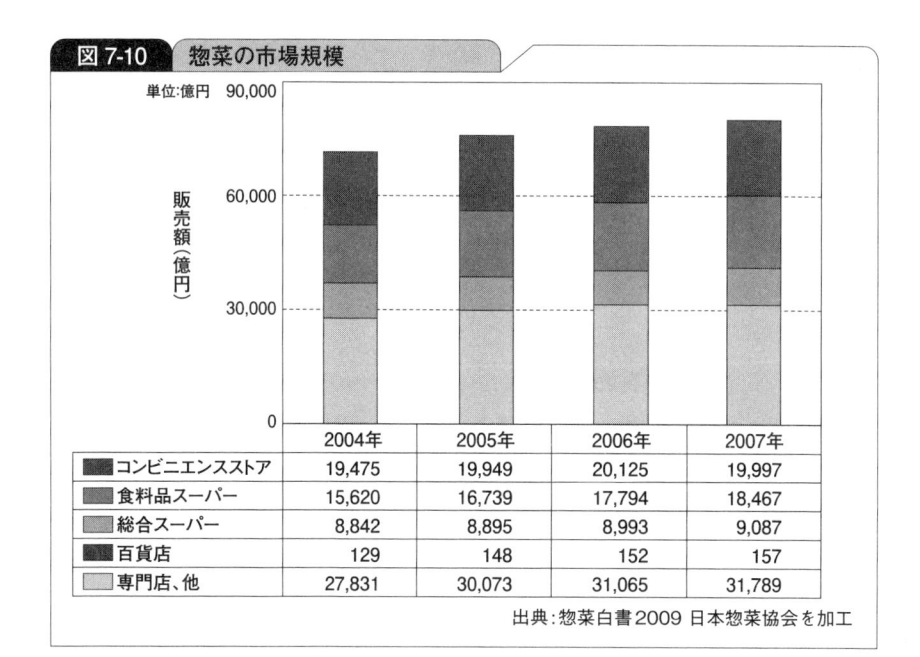

### 図 7-10　惣菜の市場規模

単位:億円

| | 2004年 | 2005年 | 2006年 | 2007年 |
|---|---|---|---|---|
| コンビニエンスストア | 19,475 | 19,949 | 20,125 | 19,997 |
| 食料品スーパー | 15,620 | 16,739 | 17,794 | 18,467 |
| 総合スーパー | 8,842 | 8,895 | 8,993 | 9,087 |
| 百貨店 | 129 | 148 | 152 | 157 |
| 専門店、他 | 27,831 | 30,073 | 31,065 | 31,789 |

出典：惣菜白書2009 日本惣菜協会を加工

section 5　商品別の流通構造

# 出版物の流通構造

　読者の皆さんは、本書をどこで読んでいますか。自宅ですか、それとも勤務先で読んでいますか。図書館で借りて読んでいる方もいれば、古書店に売る前に、読み直している方もいるかもしれません。本sectionでは、出版物の流通についてみていきます。

### (1) 出版物流通の特徴
　出版物は、出版社→取次業者→書店の流れで流通します。出版社がメーカー、取次業者が卸売業者の位置づけです。全国に出版社が約4,000社、

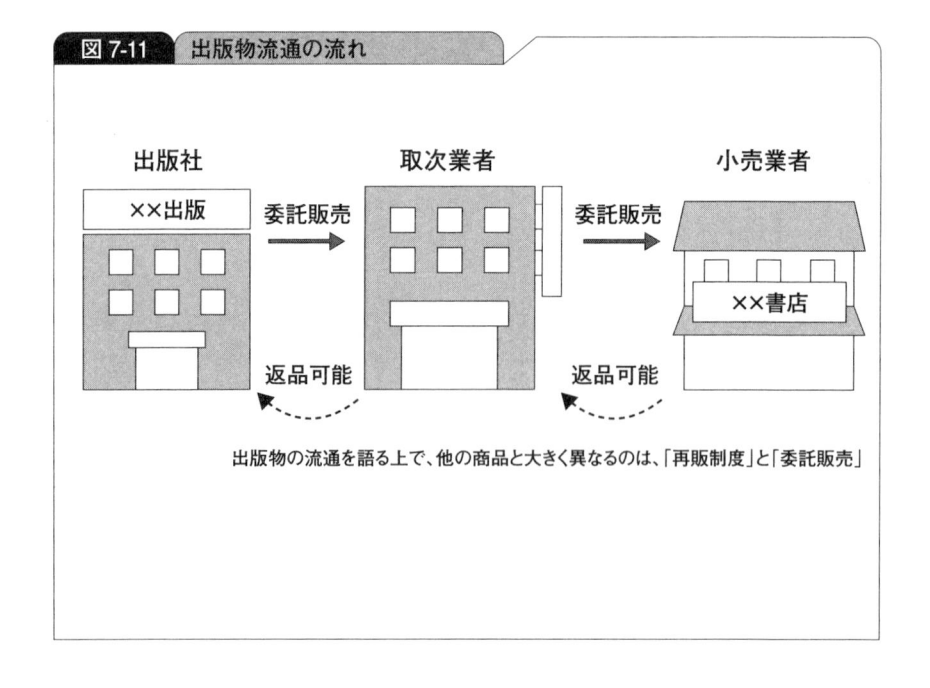

#### 図7-11　出版物流通の流れ

出版社　××出版　―委託販売→　取次業者　―委託販売→　小売業者　××書店
　　　　　　　　　←返品可能―　　　　　　　←返品可能―

出版物の流通を語る上で、他の商品と大きく異なるのは、「再販制度」と「委託販売」

書店が約77,000店（事業所数）あるのに対して、取次店はわずか30社（2008年4月の日本出版取次協会の会員数）しかありません。出版取次業界は、トーハンと日本出版販売（日販）の2社による寡占市場です。

　出版物の流通を語る上で、他の商品と大きく異なるのは、「再販制度」と「委託販売」です。

　出版物は、再販売価格維持が認められています。再販売価格維持とは、出版社が決めた書籍や雑誌の定価販売を、小売業者に義務づける制度です。

　一般的な商品は、再販行為は独占禁止法により禁止されていますが、書籍や新聞、音楽CDなどは、例外的に認められているのです。

　委託販売も出版物流通の特徴です。書店に並んでいる本は、一定期間内に売れなかった場合は返品できます。書店は、書籍の売れ残りに対してリスクを負っていません。このため書店は、多種多様な本を店頭にそろえることができます。

　再販制度と委託販売とは補完関係にあります。普通の商品であれば、売れ残った場合、値引きをして売ろうとします。閉店間際のスーパーの惣菜コーナーがいい例です。

　しかし書店では、雑誌のように鮮度が重要な商品が売れ残っても、再販売価格維持契約を取次店や出版社と結んでいて、値引き販売を行なうことができません。その代わり、書店は雑誌を返品することができます。

## (2) 伸びるネット書店

　若者の活字離れやインターネットの普及により、書籍や雑誌の販売額は低下しています。そのような状況の中でも、売上を伸ばしているのがネット書店です。

　ネット書店の例として、アマゾン.comがあげられます。アマゾンは書籍から出発して、現在ではCD、DVDや家電、パソコンやその周辺機

器、ファッション雑貨など、幅広い商品を取り扱っています。

　アマゾン.comの強みは、豊富な顧客データベースです。ネット通販という性格上、アマゾン.comは顧客の氏名や住所、メールアドレスや購買履歴を把握しています。単に購買履歴を把握するだけでなく、閲覧履歴まで把握しています。

　普通の書店で、ポイントカードのシステムを利用したとしても、店内で何をみて回ってきたか、手にとってみたものの買わなかった商品までは把握できません。アマゾンは、閲覧履歴情報まで、容易に収集することができます。

　収集した顧客データベースは、アマゾンに自分のアカウントを使ってログインした段階で、これまでの閲覧、購買履歴から分析された、顧客の関心を引きそうな商品を表示します。マーケティング書籍を閲覧したり購入した顧客には、マーケティング書籍の売れ筋や新刊が提示されます。eメールによるダイレクトメールも、購買履歴に基づいて、関心を引きそうな話題書や新刊を紹介します。

　一般書店では難しいサービスも、インターネット販売によって蓄積された顧客データを活用することで可能なのです。


**(3) 新古書店の衝撃**

　ブックオフに代表される新古書店が、新刊書店の脅威になっています。「本を売るならブックオフ」というコマーシャルでおなじみの古書店です。

　ブックオフが従来の古書店と異なるのは、買取価格の査定で、見た目の綺麗さ、新しさが重要視されることです。一定の基準によって、アルバイト店員でも買取価格や売値が決められます。

　従来型の古書店は、買取価格や売値の決定には、希少性が最重要視され、それを判断するための経験が必要でした。ブックオフは、熟練を不

要にし、ローコストオペレーションを可能にしています。

　ブックオフの特徴は、店頭に並んでから一定期間を過ぎても売れない商品は、一律100円の棚に移されることです。同じ本でも、入荷時点が違うと値段が違います。高価な専門書が、100円で売られていることもあります。このようにして、在庫の回転率を高めています。

　新古書店で本が売れても、出版社の売上にはなりません。新古書店は、新刊書店にとって脅威であると同時に、出版社や取次業者に対する脅威にもなっています。

### (4) 書店の生き残り策

　書籍・雑誌の需要減とネット書店、新古書店の登場で、従来型の書店は厳しい状況に置かれています。従来型の書店に、生き残り策はないのでしょうか。

　大手書店は店舗の大型化によって、差別化を図っています。全国で、3,000㎡を超える大型書店があいついでオープンしています。実際に手に取って書籍をみられるのは、ネット書店にはない魅力です。

　街中の中小の書店には、対抗策はないのでしょうか。東京・上野を中心に店舗展開する明正堂書店は、店員が自ら本を読んだ感想を帯に手書きし、販売促進につなげています。新刊だけでなく、何年も前に出版された本も、店員の判断で手書き帯をつけて平積みしています。同じ本でも、帯に書かれた感想は一つひとつ違います。この帯を読むのを楽しみに店を訪れる顧客もおり、私もその一人です。

　さまざまな逆風の中でも、店舗独自のサービスを提供することで、他社との差別化を図っている書店もあります。皆さんが住む街にも、訪問するのが楽しみな書店はありませんか。

section 6　商品別の流通構造

# 衣料品の流通構造

　衣料品業界は、さまざまな種類と規模の企業があります。売上高数千億円の巨大企業から、マンションの一室で細々と製品を作っているメーカーまで、さまざまなメーカーが競争をしています。

　衣料品の主戦場は百貨店です。日本百貨店協会による2009年4月の全国百貨店売上高は、前年同月比11.3%の減少、衣料品に限れば、13.5%の減少です。

　一方、SPAと呼ばれる衣料品の製造小売業者は好調です。本sectionでは、百貨店とSPAを比較しながら、衣料品の流通の違いを考察します。

### (1) 呉服店から百貨店へ

　1905年1月3日三越呉服店（現在の三越）は、新聞に次のような宣言を掲載しました。「当店販売の商品は今後一層其の種類を増加し、凡そ衣服装飾に関する品目は、一棟の下にて御用弁相成り候様設備致し、結局米国に行わるゝデパートメント・ストーアの一部を実現可致候事」

　当時の三越呉服店は、百貨店と呼べるような店舗ではありませんでしたが、アメリカの百貨店のような店を目指したいと、将来像を宣言しました。時は文明開化の時代であり、生活の洋風化が進んでいました。呉服店も呉服以外に洋服や帽子、靴などを取り扱うようになり、しだいに商品の幅を広げていきました。

　明治時代以前の店舗は、店頭に商品が並んでおらず、買物客は何が欲しいのかを店員に告げ、店の奥から商品を持ってきてもらわなくてはなりませんでした。商品の値段も明示されておらず、値段交渉が一般的で

した。

　商品の陳列販売が三越呉服店で採用されるようになったのは、1900年頃からです。店舗に土足で入れるのは、今では当たり前のことですが、これも1920年代から一般的になりました。商品に値札をつけて販売する方法は、三越呉服店では1673年の創業当時（創業時の屋号は越後屋）から業界に先駆けて導入されました。

　今の百貨店では、買うつもりがなくても自由に店内に出入りして、商品をみて歩くのは一般的です。

　今の店舗では一般的なことは、百貨店のイノベーションによって実現しました。

## (2) 衣料品の取引形態

　百貨店にはさまざまな衣料品が並んでいますが、取引形態はさまざまです。取扱商品ごとにリスクを考慮し、仕入先との取引形態が使い分けられています。

①買取仕入れ

　仕入れの段階で、商品を百貨店が所有するものです。一般の小売店による仕入れと同様の形態です。返品はできませんから、百貨店は売れ残りリスク負うことになります。リスクを負っている分、高い利益率が得られます。

②委託仕入れ

　仕入れのときに委託期間を設定して、期間中に売れた分だけ百貨店が買い取り、売れ残った商品は返品します。百貨店は商品の管理に責任を負いますが、売れ残りリスクは仕入先が負います。買取仕入れに比べ、利益率は下がりますが、売れ残りリスクが百貨店にないため、多くの種類の商品を並べられます。

③消化仕入れ

　委託仕入れが期間を定めて返品するのに対し、消化仕入れは商品が売れるごとに、売れた分だけ百貨店が商品を買い取る方法です。

　委託仕入れや消化仕入れのような、百貨店がリスクをとらない仕入方法が、現在の百貨店の仕入形態の主流になっています。このような仕入形態をとると、売場の商品構成は仕入先の意向が強く反映されるため、百貨店ごとの特徴が見えづらくなってきます。このような百貨店の売場の画一化が百貨店の魅力を低下させ、売上不振の一因となっています。

　日本百貨店協会の全国百貨店売上高をみても、衣料品の売上は低下しています。仕入先に大きく依存することで、百貨店自身の販売力が低下しているのです。

(3) SPA

　百貨店が、リスクをとらない仕入れをする一方で、商品の売れ残りリスクをとり、衣料品の製造から販売まで手がける企業があります。SPA（Speciality store retailer of Private label Apparel）は、アメリカのGAPが1980年代に自らの業態を説明するのに使った言葉で、日本では「アパレルの製造小売業」と訳されます。日本のSPAの代表は、ユニクロです。ユニクロを展開するファーストリテイリングの発表によれば、2009年2月の売上高は前年同期比13％増、営業利益は28.7％の増加になったということでした。ユニクロは、大量生産のスケールメリットにより低価格を実現しています。直営小売店の情報をいち早く生産に反映させることで、販売機会のロスを防いでいます。売れ筋商品が足りない、という状況を防ぐことで、高収益を上げています。

　百貨店とSPAでは、リスクのとり方に大きな違いがあります。売れ残りリスクを回避する百貨店と、売れ残りリスクをとることで販売機会を逃さないSPAを比べると、業績に大きな違いがあります。

## 図7-12　百貨店の衣料品売上高の推移

### 百貨店の衣料品売上高の推移

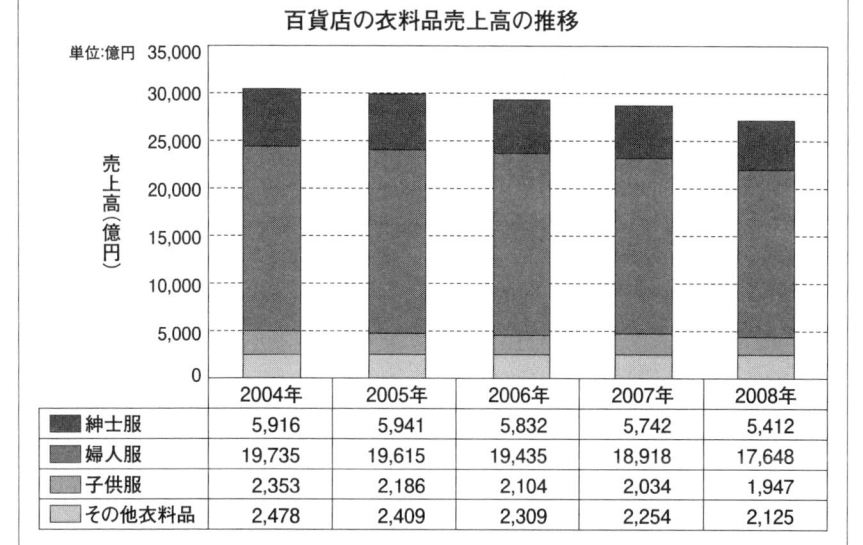

単位:億円

| | 2004年 | 2005年 | 2006年 | 2007年 | 2008年 |
|---|---|---|---|---|---|
| 紳士服 | 5,916 | 5,941 | 5,832 | 5,742 | 5,412 |
| 婦人服 | 19,735 | 19,615 | 19,435 | 18,918 | 17,648 |
| 子供服 | 2,353 | 2,186 | 2,104 | 2,034 | 1,947 |
| その他衣料品 | 2,478 | 2,409 | 2,309 | 2,254 | 2,125 |

### 百貨店の衣料品売上構成比の推移

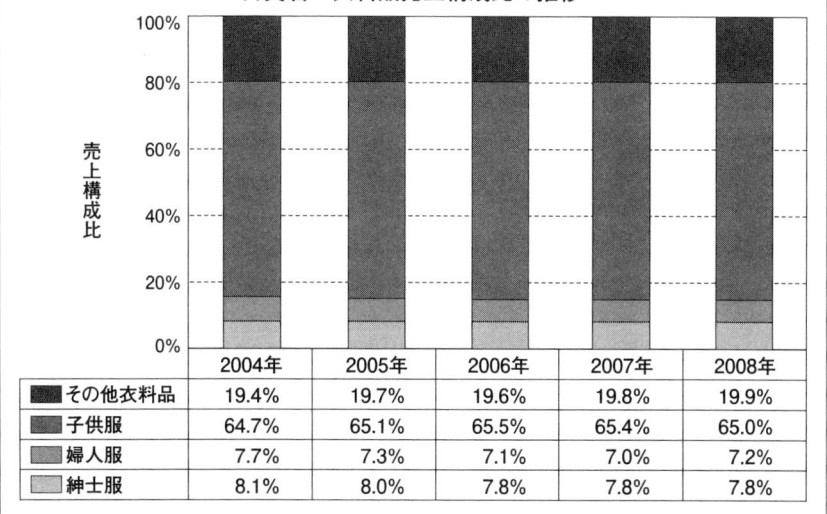

| | 2004年 | 2005年 | 2006年 | 2007年 | 2008年 |
|---|---|---|---|---|---|
| その他衣料 | 19.4% | 19.7% | 19.6% | 19.8% | 19.9% |
| 子供服 | 64.7% | 65.1% | 65.5% | 65.4% | 65.0% |
| 婦人服 | 7.7% | 7.3% | 7.1% | 7.0% | 7.2% |
| 紳士服 | 8.1% | 8.0% | 7.8% | 7.8% | 7.8% |

出典:日本百貨店協会発表資料を加工
http://www.depart.or.jp/common_department_store_sale/list

PART 7　商品別の流通構造

section 1 　バーコード
section 2 　POSシステム
section 3 　EOS
section 4 　ICタグ
section 5 　サプライチェーンマネジメント（SCM）

# PART 8

# 流通業のマーケティングを支えるIT

「POSシステム」や「ICタグ」など、
普段目にするIT技術が
マーケティングを支えている

section 1　流通業のマーケティングを支えるIT

# バーコード

　コンビニエンスストアやスーパーマーケットを見渡せば、すべての商品のパッケージにバーコードがついています。バーコードは、1960年代にアメリカのスーパーマーケットで、レジ入力の効率化のために導入されました。

　その後、世界的な統一規格が制定され、現在に至っています。スーパーのレシートには商品の価格以外にも、商品名や種類（缶ビールなら、350mlか500mlか）が記載されています。白と黒の縞模様を読み取ることで、レジではさまざまな情報がわかります。バーコードは国際的な統一規格を定めることにより、商品アイテムごとに固有の番号を割り振っています。

## (1) JANコード

　私たちが店で買う商品のバーコードには、13桁（標準コード）または8桁（短縮コード）の番号が書かれています。この番号はJANコードと呼ばれ、統一規格に基づいて記載されています。この規格は、主に北米で使われているUPCコードやヨーロッパを中心に使われているEANコードと互換性があります。

　JANコードは、次の3つの部分から構成されています。①メーカーコード、②商品アイテムコード、③チェックデジット、です。

　標準コードの場合、13桁の番号の上9桁または7桁がメーカーコードです。このうち上2桁は国コードと呼ばれ、国ごとに割り当てられている番号です。日本は45と49が割り当てられています。当初は49のみだっ

たのですが、登録メーカーが増加したことにより45も追加されました。メーカーコードは、各国のコードセンターが管理しています。日本は、(財)流通システム開発センターが管理しています。メーカーはセンターに申請することで、メーカーコードが貸与されます。新規に登録を申し込む場合、原則として9桁のメーカーコードが貸与されます。商品アイテム数が500を超えることが予想される場合は、複数のメーカーコードが割り当てられます。商品アイテム数が5万を超えるメーカーには、7桁のコードが貸与されます。

　商品アイテムコードは、4桁または6桁の数字です。メーカーコードが9桁の場合は、アイテムコードは3桁、メーカーコードが7桁の場合は5桁の数字で表されます。商品アイテムコードは、商品ごとに割り振られます。同じ商品でも色や味、容量が違う場合は、別の商品アイテムコードが割り振られます。

　チェックデジットは、コードの誤読防止のために組み込まれた数字です。上12桁の数字を、一定の計算式に入れて算出します。チェックデジットを組み込むことで、コードの誤入力を防止することができます。

　標準コードの他に、8桁の短縮JANコードもあります。書籍や雑誌には、別の体系の「書籍JANコード」「定期刊行物JANコード」が定められています。

## (2) ITFコード

　商品アイテムごとに割り振られるJANコード以外に、ITFコードと呼ばれるバーコードがあります。これは、商品を複数まとめたパッケージ（段ボール箱）につけられるバーコードです。ITFコードを読み取ることで、小売業者は納品された段ボールを開封しなくても、中身と数量を確認することができます。ITFコードは、14桁の数字で構成されています。JANコードと同様の13桁に加え、1桁のパッケージインジケー

ターが加わります。

　パッケージインジケーターは、段ボール箱に入った商品の数量ごとに別の番号をつけます。1ダース入りの箱と、2ダース入りの箱では、同一商品でも別のパッケージインジケーターがつけられます。

## (3) ソースマーキングとインストアマーキング

　さまざまな商品につけられたバーコードは、ほとんどの場合、パッケージに印刷されています。あらかじめ製造段階で、バーコードを印刷しておくことをソースマーキングといいます。ソースマーキングによって、バーコードの印刷コストを最小限に抑え、流通効率化によるコストダウンを実現できます。

　これに対して、店舗で商品にバーコードをつけることをインストアマーキングといいます。生鮮食料品や店内で加工している惣菜など、ソースマーキングが不可能な商品には、店が独自にバーコードを割り当てているのです。上1桁が2で始まるJANコードは、インストアマーキング用のコードとして割り当てられています。

## (4) 2次元バーコード

　JANコードやITFコードは、複数の線の太さで番号を表します。最近、情報量の多い2次元バーコードが使われています。2次元バーコードは、小さなスペースで大量のデータを表現できるため、さまざまな分野で利用されています。

　例えば、携帯電話用WEBサイトのURLの表示や、航空機のeチケットなどです。2次元バーコードにはさまざまな規格がありますが、日本ではQRコードが普及しています。

## 図8-01　バーコードの種類

●JANコード（ソースマーキング）

4 935164 006613

メーカーコード 7桁
商品アイテムコード 5桁
チェックデジット 1桁
国コード（日本は45または49）

●JANコード（インストアマーキング）

21 1061 001480

国コードの部分の20〜29は、小売業者が自由に割り振ってよいコード

●ITFコード

3 49 71660 36610 2

最初の1桁はパッケージインジケーター

section 2　流通業のマーケティングを支えるIT

# POSシステム

　最近、チェーン店を中心に、多くの小売店でPOSシステムが導入されています。POSとはPoint of Salesの略で、販売時点で販売金額をはじめ販売時間、顧客情報など、さまざまな情報を集めるシステムです。

　POSシステムにはさまざまな機能が追加されています。クレジットカードや電子マネーの決済機能、ポイントカードのポイント付与機能など、POSシステムの担う役割は時代を経るごとに多くなっています。

### (1) POSのシステム構成

　POSシステムは、POSターミナル、ストアコントローラ、チェーン店であれば本部コンピュータから構成されます。

　POSターミナルは、店頭のレジのことです。POSターミナルに、バーコードリーダー、磁気カードリーダーが付属しています。POSターミナルは、売上時点での決済と同時に情報収集を行います。コンビニエンスストアのPOSターミナルでは、決済時に買い物客の客層を入力し、どのような客層に何が売れたかを把握しています。

　ストアコントローラは店舗のバックオフィスにあり、普段、買い物客の目に触れることはありません。各POSターミナルからの情報を収集し、本部コンピュータに伝達します。また、商品マスターや在庫データなどを管理しています。

　チェーン店の場合は、これらの情報が本部コンピュータに送られ、リアルタイムに全国の店舗での売上を把握することができます。

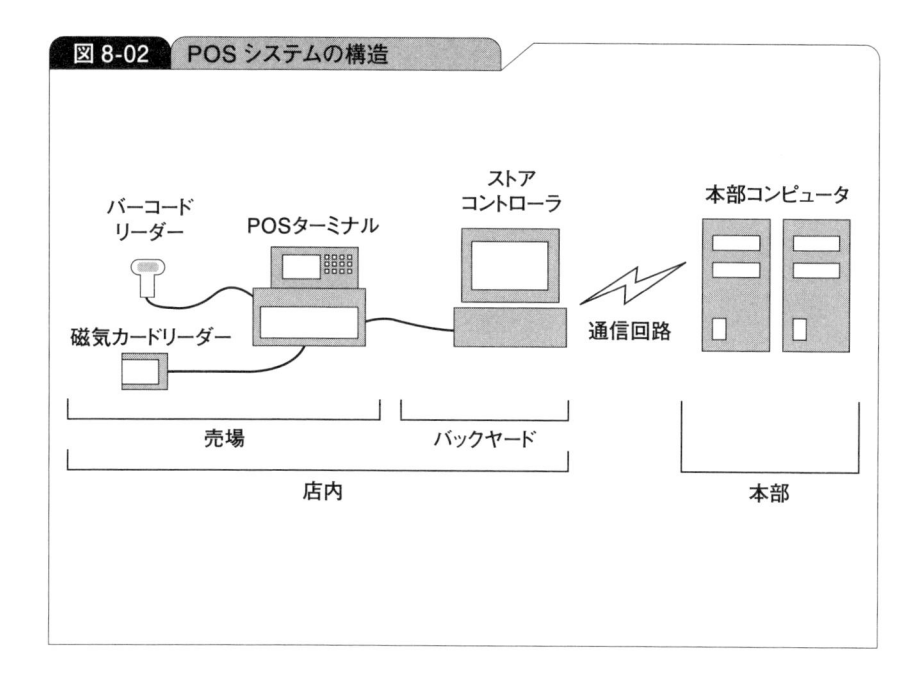

**図8-02** POSシステムの構造

［図：バーコードリーダー、POSターミナル、磁気カードリーダー（売場）／ストアコントローラ（バックヤード）／店内、通信回路、本部コンピュータ（本部）］

## (2) PLU

　POSターミナルでは、バーコードを読み込むだけで、商品や値段を把握しています。発行されたレシートをみると、単品ごとの値段の他、商品名が印字されていることがあります。なぜ、バーコードを読み取るだけで、このような情報がわかるのでしょうか。

　それは、ストアコントローラのメモリ内に、PLU（Price Look Up）と呼ばれる商品の一覧表が登録されているからです。PLUに登録された商品名や価格とバーコードをつき合わせることにより、POSターミナルは情報を処理しているのです。

　例えば特売日などで、価格の変更があった場合も、PLUの価格を書き換えるだけで済みます。PLU上の価格と店頭商品の表示価格が一致しないと混乱を招くため、注意が必要です。

### (3) POS 導入のメリット

　POS導入のメリットには、ハードメリットとソフトメリットの2種類があります。

①ハードメリット

　ハードメリットとは、POSの機械（ハード）を導入することによって、即座に得られるメリットです。バーコード入力によるレジ待ち時間の短縮化や、価格の打ち間違いの防止などがあります。POSを導入していなければ、商品一つひとつに値札をつけなくてはなりません。また売上の集計を、改めてコンピュータに打ち込まなくてはなりません。そのための従業員教育も必要になります。これらの作業が不要になるのも、POS導入のハードメリットです。

②ソフトメリット

　ソフトメリットとは、POSによって集められた情報を分析することにより得られるメリットです。POSでは、販売データをリアルタイムで収集することができます。販売データを活用すれば、売れ筋商品や死に筋商品の把握、季節や天候による売上変動の把握、優良顧客の抽出などが可能です。チェーン店であれば、他店舗でのデータも活用することができます。

　これらのデータを分析することで、商品の在庫量や発注量、取扱商品の改変、棚割りの変更など、売上増加のための店舗改善につなげることができます。

### (4) POS 分析のためのデータ

　POS分析に使うデータは2種類あります。ひとつは、POSターミナルから得られる基本POSデータです。これは商品と顧客に関するデータで、いつ、何を、いくつ、いくらで買ったかという情報です。会計ごとに何を一緒に買っているか、ということも蓄積されます。これらは、販売時

点でPOSターミナルに蓄えられていく情報です。

　もうひとつは、コーザルデータといって、販売時点でPOSターミナルに蓄積されない情報です。コーザルデータには、内部環境に関するものと、外部環境に関するものの2種類あります。

　内部環境には、広告やセール、店内での催事販売などの販売促進活動によるもの、棚割りの変更、などがあげられます。外部環境には、天候、気温、競合店の動向、店舗周辺でのイベント、などがあげられます。

　コーザルデータをコンピュータに入力し、基本POSデータとクロス分析することで、さまざまなことが分析できます。コンビニエンスストアでは、翌日の天気予報や、周辺でのイベント（小学校の運動会や大学の入学試験、地域のお祭りなど）による売上の変化を蓄積し、商品の発注量に反映させています。データ分析により、売れ残りや販売機会ロスを最小限に止めているのです。

　ただし、POSデータには限界があります。自店に置いていない商品の動向や品切れによる機会ロスは、POSデータの分析だけではわかりません。

表　POS分析のためのデータの種類

| 基本POSデータ | コーザルデータ ||
|---|---|---|
| | 内部環境 | 外部環境 |
| ・販売時点<br>・単品情報<br>・販売数量<br>・売上金額 | ・広告<br>・セール<br>・催事販売<br>・棚割り | ・天候<br>・気温<br>・競合店動向<br>・イベント情報 |

section 3　流通業のマーケティングを支えるIT

# EOS

　小売業の販売情報を担うシステムがPOSと呼ばれるのに対して、小売業と卸売業、チェーン店とチェーン本部での受発注を担うシステムをEOS（Electronic Ordering System）と呼びます。EOSは、チェーン店を中心に普及してきました。

　かつて発注業務といえば、電話やFAX、卸売業の営業担当者の直接訪問などの方法が主流でした。多品種の商品を取り扱うコンビニエンスストアでは、発注業務はEOSに移行しています。発注業務を自動化することで、さまざまなメリットがあります。

## (1) EOSの入力方式
　EOSの発注データの入力方法には、以下の3つがあります。
### ①棚札スキャン方式
　商品棚のバーコードを読み取る方式です。商品が陳列されている順番に発注できるため、効率的な作業が可能です。
### ②オーダーブックスキャン方式
　オーダーブックといわれる台帳に記載されたバーコードを読み取りながら、発注をする方式です。オーダーブックに記載された、さまざまな情報（発注推移、前月実績など）を見ながら発注できます。
### ③EOB方式
　EOB（Electronic Order Book）端末機を使って発注する方式です。棚札やオーダーブックが不要になるため、運用が容易になります。

図 8-03　EOSによる発注業務

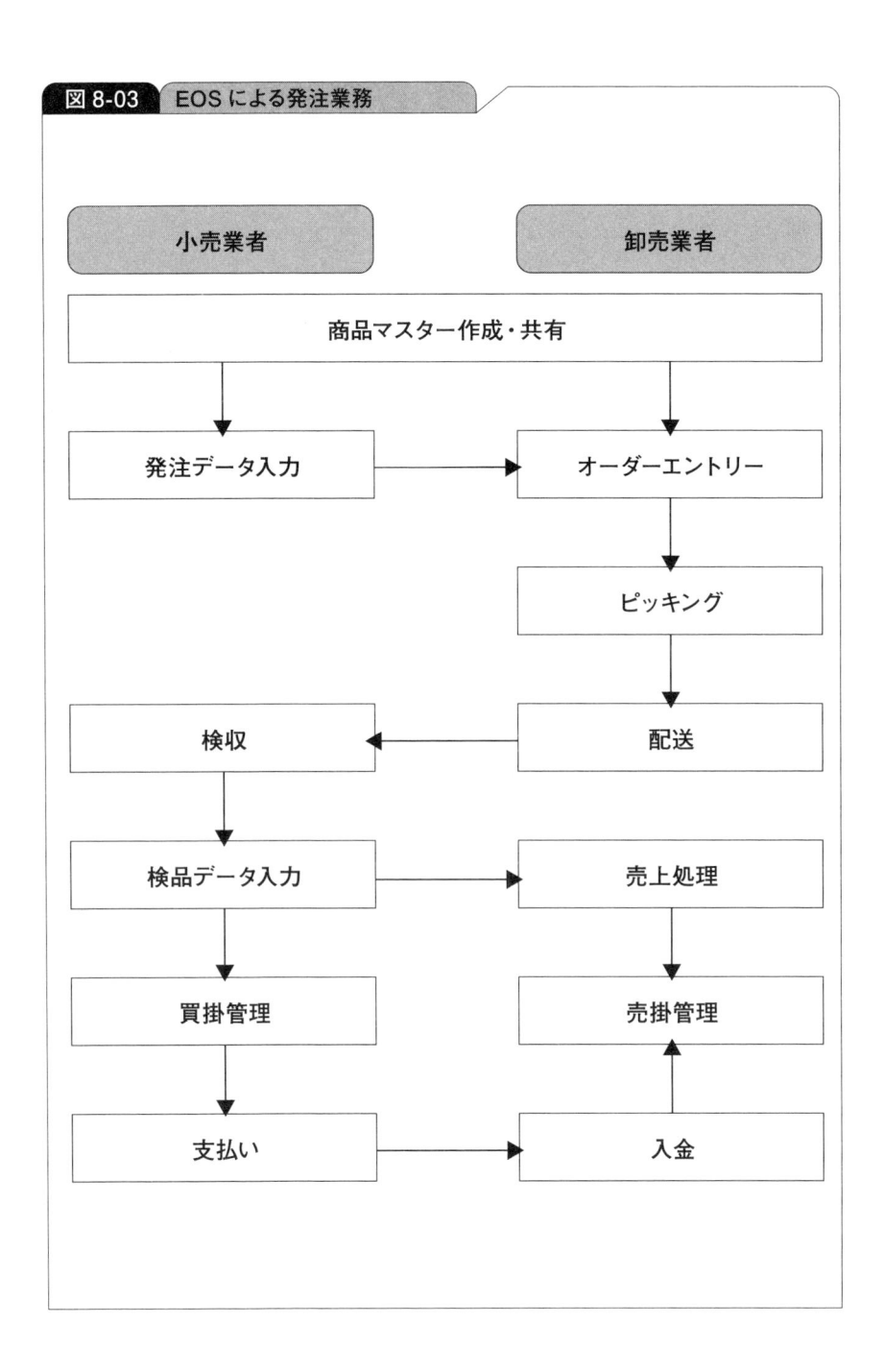

| 小売業者 | 卸売業者 |

商品マスター作成・共有

発注データ入力 → オーダーエントリー
　　　　　　　　　　↓
　　　　　　　　　ピッキング
　　　　　　　　　　↓
検収 ← 配送
↓
検品データ入力 → 売上処理
↓　　　　　　　　　↓
買掛管理　　　　　売掛管理
↓　　　　　　　　　↑
支払い → 入金

PART 8　流通業のマーケティングを支えるIT

## (2) EOS導入のメリット

EOS導入によるメリットは、発注側（小売業）のメリットと受注側（卸売業）のメリットに分けられます。

①発注側のメリット

発注業務の簡素化があげられます。発注する商品のバーコードを読み取るだけで、発注ができます。発注伝票を書く必要がないため、作業時間の短縮や誤発注の防止になります。

1回に発注する発注量や発注先をあらかじめ登録しておけば、考える必要もありません。POSシステムとの連携により、その日に売れた数量だけ発注することもできます。発注業務の簡素化により、従業員の教育時間も短縮できます。発注作業に習熟していない従業員にも、作業を任せられます。

また、商品管理の精度が上がります。発注情報はネットワークを通じて瞬時に受注側に到達しますから、発注から入荷までのリードタイムが短縮されます。リードタイムの短縮により在庫が削減されるとともに、在庫切れの防止や商品管理の精度が向上します。

② 受注側のメリット

受注のための人員を削減することができます。受注のための営業担当者や、データ入力のための人員の作業が大幅に減少します。受注に人が介在しないため、受注ミスや発送ミスが低減します。

受注データが迅速に届くことは、受注側の在庫を圧縮することができます。多頻度小口発送にも対応しやすくなります。受注作業の簡素化により、営業担当者はリテールサポートなどのサービスに注力でき、得意先へのサービスが向上します。

## (3) EOS から EDI へ

　EOSによって構築された企業間のネットワークを、発注業務以外の情報交換につなげる考えがEDI（Electronic Data Interchange）です。EOSが、発注業務の効率化に着目したシステムなのに対してEDIは、企業間の取引全般をネットワークを通じて交換するものです。1990年代から、EOSの機能を拡張し、従来型のシステムと区別する意味でEDIと呼ぶようになりました。

　従来型のEOSとEDIの違いは、①取引業務全般を通信の対象とすること、②幅広い関係者で合意された標準規約を使用すること、③国際標準の高速な通信手段を使用すること、などがあげられます。

　EDIの導入により、以下のような効果が期待できます。

①正確なデータに基づいた業務遂行

　発注者が入力した取引番号を、受注、出荷、検品、売上、請求、支払いの各段階のデータに引き継ぐことができ、人手による情報の再入力が不要です。

②省力化とコストダウン

　情報が順次引き継がれるため、大幅な省力化になります。情報がネットワーク上を流れるため、ペーパーレス化にもつながります。

③企業間提携への発展の可能性

　小売・卸・メーカー間の情報共有により、さまざまな提携に発展する可能性があります。POSの販売データや在庫データを取引先間で共有化することで、SCM（Supply Chain Management:PART8のsection5）につながっていきます。

section 4　流通業のマーケティングを支えるIT
# ICタグ

　ICタグとは、IC（半導体集積回路）にさまざまな情報を搭載することによって、電子的な荷札（名札）の役割を果たす小さなチップのことです。

　ICタグに搭載されている情報は、個々の生産者に関する情報や素材、原材料、産地、価格、製造年月日、どのような流通経路を経てきたか等さまざまです。

　本sectionは、ICタグの基本的な構造と特徴、種類に触れた後、ICタグの活用場面についてみていきます。

**(1) ICタグの構造と特徴**

　ICタグには、一つひとつに独自の異なる番号（ID）をつけることができます。ICタグの容量が、従来のバーコードに比べて大きいからです。バーコードは、○○産鶏肉等、商品ごとの区別はできましたが、○○産鶏肉一つひとつに、異なるIDをつけることはできませんでした。

　バーコードは、バーコードリーダーに近づけないと情報を読み取ることはできません。ICタグの読み取りには電波を使うため、離れていても情報を読み取ることができます。

　ICタグが安価になって普及すれば、スーパーマーケットのレジで、商品をカゴに入れたままの状態で商品情報を読み取ることができます。

　ICタグの特徴として、次の4つがあります。
　①振動していても読み取り可能
　②劣化や損傷に強い

③多少の障害物が存在しても解読可能
④小さく薄いため、取り付けやすい

### (2) IC タグの種類

　ICタグは、自ら電波を発するか発しないかによって分類できます。①自ら電源を内蔵して、電波を発信するアクティブ型、②電源を内蔵しないで、他から受けた電波の力を借りて電波を発信するパッシブ型、があります。

　アクティブ型は自ら電波を発信するため、電波の届く範囲が数十mと長く、多機能で記憶容量も大きくできます。電池を内蔵しているため、寿命は数年～十年です。価格は1,000円以上で、主に工場での生産管理や物流、製品などの行動追跡や生産履歴管理などに用いられます。

　一方、パッシブ型は自ら電波を発信しませんが、リーダー/ライター

**図 8-04　ICタグの種類（アクティブ型とパッシブ型）**

|  | アクティブ型 | パッシブ型 |
|---|---|---|
| 電　波 | 自ら発信できる | 自ら発信できない |
| リーチ | 数十メートル（長い） | 数メートル（短い） |
| 価　格 | 1,000円程度（高い） | 10円程度（安い） |
| 寿　命 | 数年～10年 | 半永久的 |

を用いて電力を受け取ります。自ら電波を発信しないので、電波の届く範囲は数mと短くなります。小型軽量で、半永久的に使用できる点が特徴です。アクティブ型に比べて、1個10円程度と安価です。

ICタグの形状は、
①衣類の管理に用いられる円盤形
②ペットや動物の管理に用いられる円筒形
③商品管理に用いられるラベル形
④JRのSuicaやICOCAに代表されるカード形
等があります。

## (3) ICタグの活用例

①自動車工場の活用例

通常、自動車はラインで生産されます。部品一つひとつにICタグをつけておけば、ある生産ラインで部品が少なくなると、その情報をもとに自動的かつ効率的に部品を供給できます。必要なモノを必要なときに必要な量だけ供給・生産する、ジャスト・イン・タイム生産が実現できます。ICタグをつけることで、在庫管理も簡略化されて効率化が進み、生産性が向上します。

②物流面での活用例

製品は、工場から出荷され、入荷(検品)→格納→在庫→出荷指示→ピッキング→配送のサイクルをたどります。ICタグが製品についていると、入荷検品や在庫管理、ピッキングなどの作業が容易になり、物流コストを削減することができます。小売店にとって大きな負担となっている検品や棚卸作業も軽減できます。出荷した製品の追跡管理ができるため、製品の紛失や盗難防止に効果を発揮します。

③トレーサビリティの向上

近年、食品の産地偽装や基準範囲を超えた農薬混入などにより、食の

安全に対する関心が高まっています。生産から、消費者が食品を口にするまでの経緯や過程を明らかにすることを、トレーサビリティ（生産履歴の追跡管理）といいます。

例えば、比内地鶏にICタグを取り付けて情報をデータベース化します。秋田県のどこで、生産者は誰で、飼料は何を使って、どの精肉工場で加工されて、店頭に並べられた期間はどれくらいで、保管された温度は何度で……等の情報を把握できます。製品が生産され、消費者が口にするまでに、どのような過程を経ているのかを追跡管理できます。

食中毒が発生した際にも、どのような過程で食中毒の原因が発生したのかが検証できるため、信用回復ならびに再発防止策を講じることができます。トレーサビリティの向上によって、鮮度の高い安全な食品を消費者に提供でき、信頼性を高めて付加価値を高めることができます。

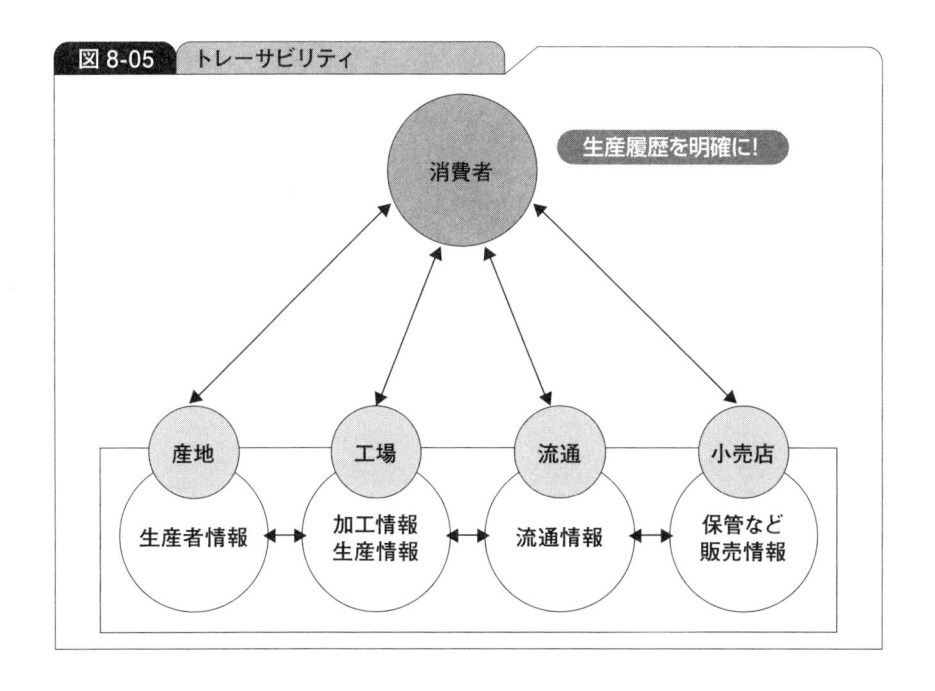

図8-05　トレーサビリティ

section 5　流通業のマーケティングを支えるIT

# サプライチェーンマネジメント(SCM)

　サプライチェーンマネジメント（SCM）は、メーカー→卸売業者→小売業者→消費者という、供給連鎖を管理することです。SCMは、1990年代前半のアメリカで、企業における経営革新手法のひとつとして導入され、日本には1990年代後半に導入されました。本sectionは、SCMとは何か、SCMのブルウィップ効果、SCM導入の目的についてみていきます。

### (1) SCMとは

　SCMとは、「顧客に価値を提供する活動の始めから終わりまで、つまり原材料の供給から最終消費者に至る過程の個々のプロセスを、ひとつの活動としてとらえ直します。企業や組織の壁を越えて、プロセス全体最適化を継続的に行うことで、顧客への付加価値を高め、企業に高収益をもたらす戦略的な経営管理手法」と定義されます。（サプライチェーンカウンシル（SCC）日本支部HPに一部加筆・修正）

　通常、最終消費者への価値提供は、原材料（部品）メーカー→製品メーカー→卸売業者→小売業者→消費者の経路で行われます。これまでは、メーカーはメーカー自身の部分最適を目指し、小売業は小売業自身の部分最適を目指してきました。

　しかし、メーカーが受注から生産までのスピードを速めても、消費者からの受注情報が小売業者からタイムリーに伝達されなければ、消費者が商品を手にするのは遅れてしまいます。

　つまり、メーカー→卸売業者→小売業者→消費者のプロセス全体から

**図 8-06　SCM の仕組み**

原材料メーカー　メーカー　卸売業者　小売業者　消費者

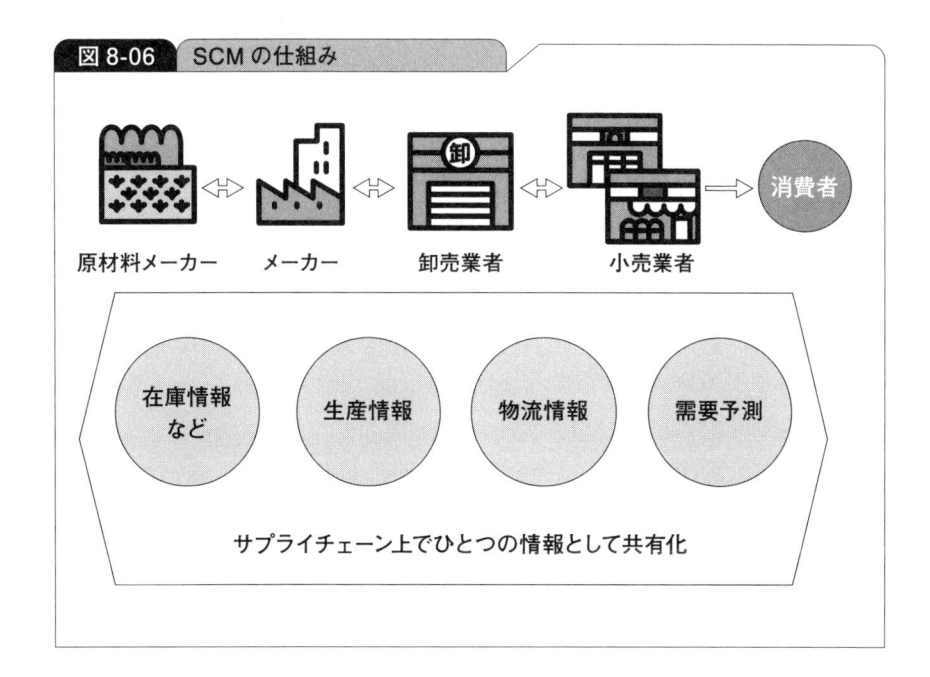

在庫情報など　生産情報　物流情報　需要予測

サプライチェーン上でひとつの情報として共有化

みると、それぞれの企業の取り組みは、「部分最適」を目指す取り組みの域を出ません。

SCMは、メーカー→卸売業者→小売業者→消費者のプロセスを、あたかもひとつの企業の取り組みとしてとらえます。サプライチェーン全体の最適化を目指して付加価値を高めることにより、顧客満足度を向上させ、高収益を実現します。

SCMの目的を達成するためには、企業間の情報共有化が不可欠であり、EDIなどで情報共有化を図ります。

## (2) SCM のブルウィップ効果

SCMが導入される前から、サプライチェーン自体は存在しました。メーカーは、原材料を卸売業者からの発注量に合わせて調達・製造し、卸売業者に納入します。卸売業者は、小売業者の受注情報に基づいてメー

カーに発注し、小売業者に納入します。小売業者は、消費者の消費動向に応じて卸売業者に発注し、消費者に販売します。

　しかし、ここに問題があります。個々の企業が自身の部分最適を目指す場合、それぞれの企業の利益を最大化するように行動します。

　たとえば小売業者は、商品が3個あれば足りるのに、商品の在庫切れによって販売機会を逃したくないという理由で、卸売業者に5個発注します。卸売業者は、管理ミス等による商品紛失の危険を想定して、メーカーに対して多めに8個注文します。注文を受けたメーカーは、いつ受注が入ってもすぐ出荷できるように、10個分の原材料を購入します。

　本来は、3個の商品で十分であるにもかかわらず、サプライチェーン内で情報が増幅して、最終的に10個の製品を生産してしまう情報の増幅効果のことを「SCMのブルウィップ効果」といいます。

　ブルウィップとは牛用のムチのことです。小売最前線の需要情報が、卸・メーカーと流通経路の上流に行けば行くほど増幅されて伝わる様子が、ムチの振れ幅は手元では小さいが、先端ほど大きく振れることに例えられています。

　ブルウィップ効果は、流通経路内で需要情報が共有化されていないために起こります。過剰在庫や欠品による販売ロス、消費者ニーズに的確に対応できないため、流通経路内の企業に、業務プロセスの非効率化をもたらします。

　ブルウィップ効果によるさまざまな無駄を解消するために、SCMが誕生しました。

### (3) SCM導入の目的

　SCMは、小売最前線の販売動向・需要情報から需要予測を行います。需要にタイムリーに対応し、素材を仕入れて加工・生産を行い、流通チャネルを経由して最終消費者に商品を提供します。

SCMの効果は、次の3点です。
①ブルウィップ効果排除による在庫削減
②需要の変化に対応することによる販売機会ロスの減少
③消費者ニーズへの迅速な対応による顧客満足度の向上

上記①〜③をサプライチェーン内で実現することによる、「サプライチェーン全体でのキャッシュフローの最大化」がSCMの最終目的です。

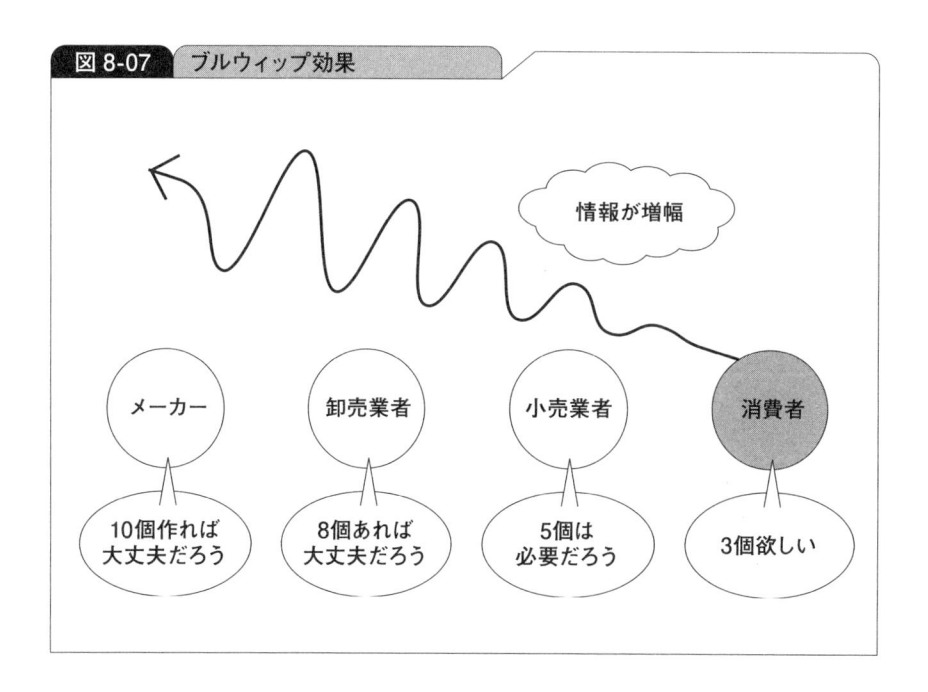

図8-07　ブルウィップ効果

情報が増幅

メーカー　　卸売業者　　小売業者　　消費者

10個作れば大丈夫だろう　　8個あれば大丈夫だろう　　5個は必要だろう　　3個欲しい

section 1　物流の重要性
section 2　物流環境の変化
section 3　物流と環境問題
section 4　トータル・ロジスティクス
section 5　メニュー・プライシング

# PART 9

# 物流戦略

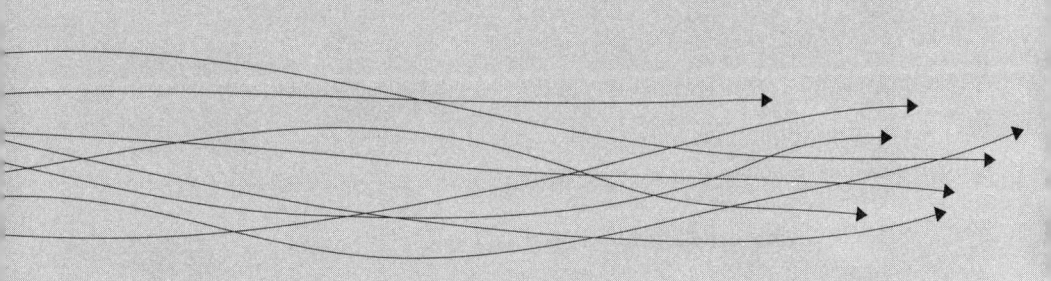

生産者と消費者の時間と距離を
縮めている「物流」

section 1　物流戦略

# 物流の重要性

　企業のマーケティング活動では、ターゲット市場を明確化して拡大しながら、顧客に付加価値の高いサービスを効率的に提供します。顧客満足度向上により、差別化を図るための流通チャネル戦略（商的流通活動）が重要です。

　流通チャネル戦略と並列的な位置づけで、消費者ニーズに的確に対応していくために重要なのが物的流通戦略（物流戦略）です。物流では、いかに効果的・効率的に製品（商品）を消費者に届けていくかが重要テーマです。

　本sectionは、物流について理解を深めた後、市場の変化に応じて高まっている物流の重要性について考察します。

### (1) 従来の物流機能

　メーカーを例に、物流の機能を説明します。これまでは、メーカーが市場での地位を確立して発展していくためのキーワードは、①調達・生産活動、②販売活動、でした。

　企業が成長していくために重要なことは、原材料を効率的に調達して、同業他社よりも競争優位を確保できる製品を開発し、低コストで生産することです。多くの需要を創り出しながら市場を拡大し、多くの顧客に販売していくことが重要視されていました。

　一方、物流は企業の経営戦略（マーケティング戦略）上、主たる活動ではなく、補助的な活動と位置づけられてきました。したがって、物流部門は、生産部門や営業部門の注文や要求を聞きながら活動する程度の

役割しかありませんでした。

物流機能は、次の6つに分類されます。

①輸送機能

原材料購入、企業内での完成品・半製品のやりとり、流通チャネルへ製品を受け渡す等の機能

②保管機能

原材料の保管貯蔵、半製品の保管、在庫管理等の機能

③包装機能

中身の保護、広告宣伝効果、取り扱いの利便性向上等の機能

④荷役機能

企業が購入した原材料・製品の受け入れ（荷降ろし）、出荷の際の積み込み作業等の機能

⑤流通加工機能

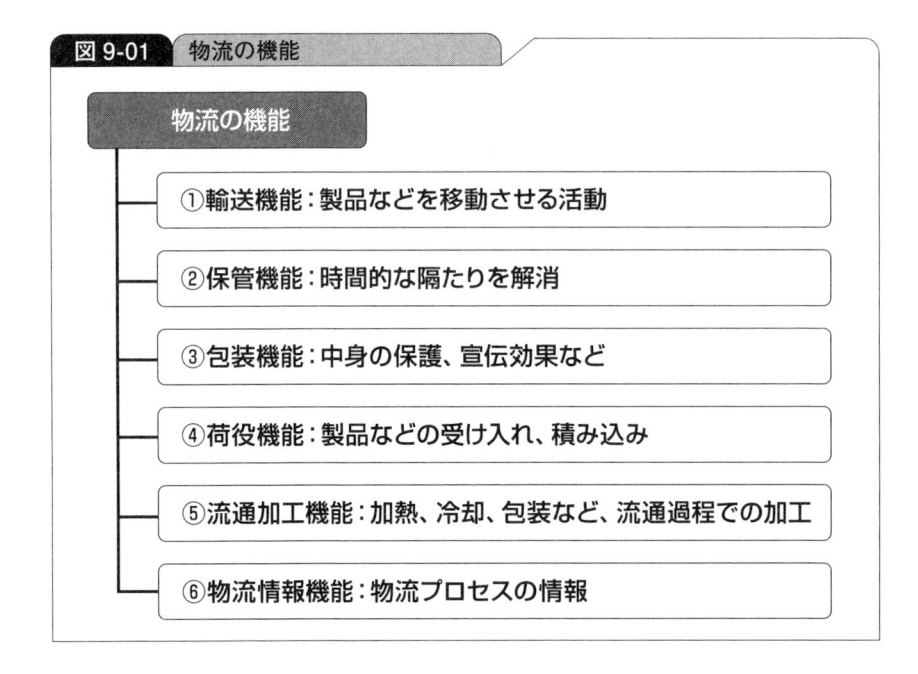

図9-01　物流の機能

物流の機能
- ①輸送機能：製品などを移動させる活動
- ②保管機能：時間的な隔たりを解消
- ③包装機能：中身の保護、宣伝効果など
- ④荷役機能：製品などの受け入れ、積み込み
- ⑤流通加工機能：加熱、冷却、包装など、流通過程での加工
- ⑥物流情報機能：物流プロセスの情報

生産した製品の小分け、梱包、効率的な流通をサポートするためのラベルづけ等の機能

⑥物流情報機能

何をどこに運ぶのか、現在何がどこに、どのような状態であるのか等の情報を提供する機能

**(2) 顧客ニーズの変化と物流の重要性**

近年、顧客ニーズは多様化しています。同質の広い市場（ターゲット）に、同じ製品を大量に低価格で販売すれば利益が上がるという単純な戦略（マス・マーケティング戦略）では、顧客ニーズを充足させることは困難です。

以下に、顧客ニーズの変化と物流の課題を3点あげます。

①製品に対するニーズの多様化

パソコンひとつを例にとっても、単に情報を処理する機械というニーズだけでなく、顧客一人ひとりのニーズは、ビジネス、ゲーム、インターネット検索だけ、等多岐にわたります。機能・価格・サイズ・持ち運びの利便性などのニーズに、きめ細かく対応した製品をそろえる必要があります。

②多品種化・小口配送・短納期ニーズ

多様化する顧客ニーズには、単一製品の大量販売では対応できません。ニーズに応じて製品も多品種化しています。製品の多品種化に対応するには、一括大量配送では難しいため、配送も小口化する必要があります。また、短納期ニーズにも対応しなくてはなりません。

③販売機会ロスの削減と在庫削減

顧客ニーズが多様化する中、顧客ニーズに合致した商品が店頭になければどうでしょうか。販売機会を逸してしまいます。

逆に、販売機会を逃すまいとすると、在庫を多く抱えなければならず、

コスト増加につながります。この相反する課題を解決することも必要です。

多様化する顧客ニーズをとらえるには、自社内や流通チャネル間での、部分的な物流効率化だけでは対応できません。受注から原材料調達、生産、在庫、配送、販売を、部分的な活動ではなく一連の活動とみなす必要があります。

つまり、物流をマーケティング活動の「補助的な活動」という見方から脱却する必要があります。

顧客ニーズを充足させ、熾烈な競争に勝ち抜くためには、物流はマーケティング活動を完成させる重要な機能としてとらえて、「主たる活動」として取り組むことが必要です。

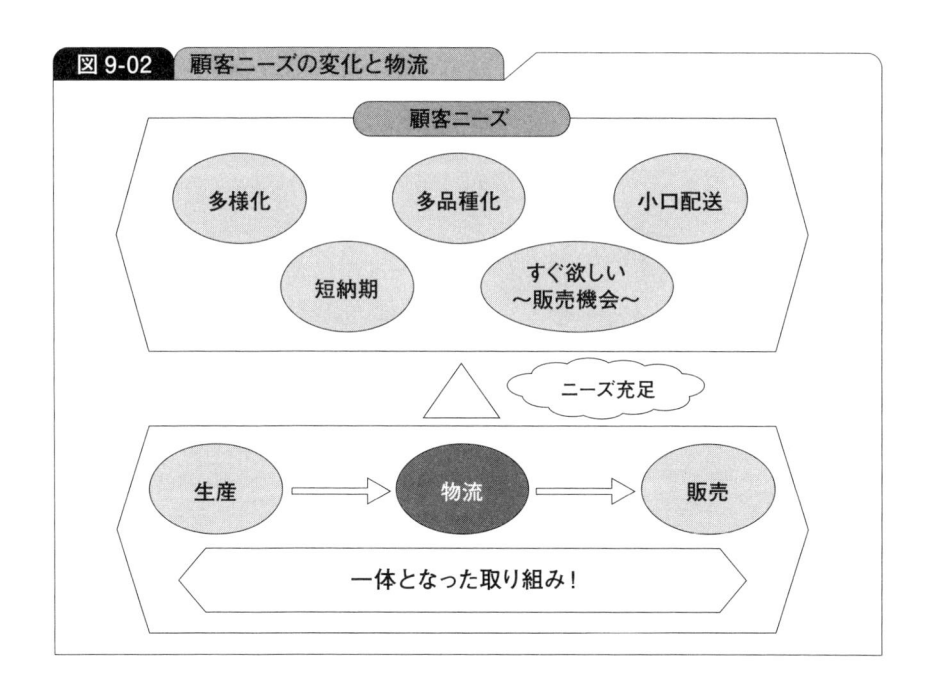

図 9-02 顧客ニーズの変化と物流

顧客ニーズ
- 多様化
- 多品種化
- 小口配送
- 短納期
- すぐ欲しい 〜販売機会〜

ニーズ充足

生産 → 物流 → 販売

一体となった取り組み！

section 4　物流戦略

# 物流環境の変化

　近年、顧客ニーズの多様化や、大規模小売店の出現で、流通チャネル間の力関係が変化しています。物流環境も大きく変化しています。
　本sectionは、物流環境にどのような変化が起きているかをみていきます。

### (1) 社会的環境の変化
　まず社会的な環境変化である、①少子高齢化社会の到来、②経済環境の変化、について解説します。
①少子高齢化社会の到来
　少子高齢化社会が到来し、マーケット構造そのものが変化しています。併せて、これまでの物流のプロセスは、人の手に依存するところが大きく、労働集約的な性格を強く持っていました。
　少子高齢化社会が到来すると、マーケットの縮小とともに労働力人口の不足という事態を招きます。したがって、これまでの物流プロセスに対する考え方やあり方を、根本から見直す必要があります。
②経済環境の変化
　物流は、生産者と消費者をモノの流れを通じて結ぶ活動です。物流は、経済成長率が高くなれば拡大するという、正の相関関係にあります。しかし、近年では経済が進展しても物流はそれほど拡大しない、という状況にあります。その理由は、以下の5点です。
・情報産業などを中心とした経済のソフト化
・製品の小型化

・高速道路建設等の公共事業の削減
・工場の海外移転
・物流効率化の促進

　経済の高度化、ソフト化、国際化などによって、モノのやりとりが以前より少なくなっています。物流も、「単にモノを流す」という考えから、「付加価値を高めてモノを流す」ことが必要になってきました。

### (2) ジャスト・イン・タイムに対するニーズの拡大

　近年の顧客ニーズの多様化にともなって、物流活動に対するニーズにも、単にモノを運ぶという量的な側面のみでなく、質的な側面に対する要求も強くなっています。具体的には、多頻度小口配送を中心としたジャスト・イン・タイム物流のニーズ、付加価値の高いサービス活動の要請、があげられます。

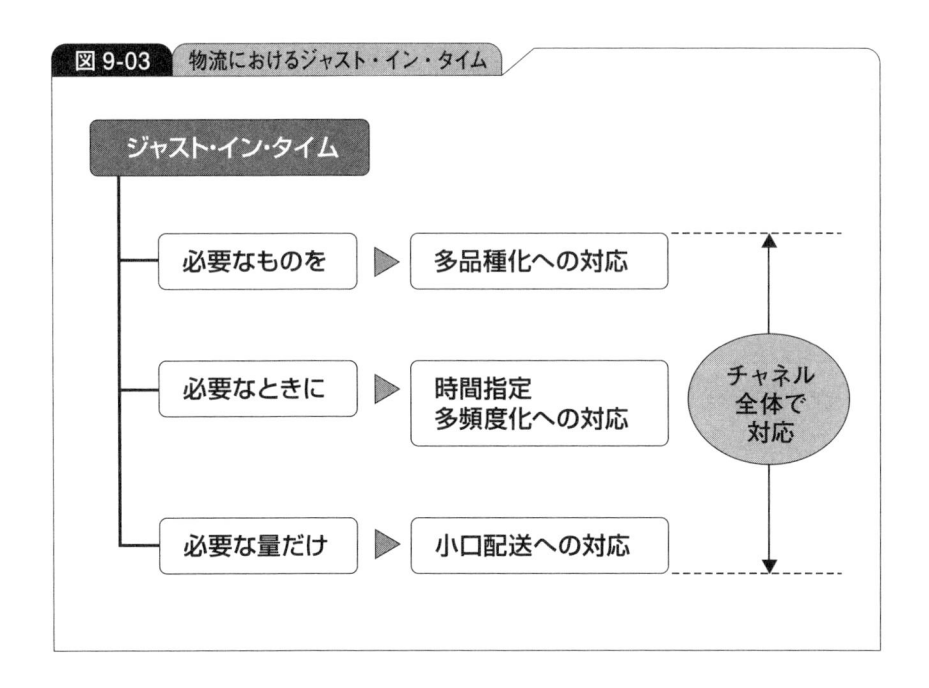

**図 9-03　物流におけるジャスト・イン・タイム**

```
ジャスト・イン・タイム
├─ 必要なものを　▶　多品種化への対応　┐
├─ 必要なときに　▶　時間指定         ├─ チャネル全体で対応
│                  多頻度化への対応  │
└─ 必要な量だけ　▶　小口配送への対応　┘
```

PART 9　物流戦略

近年、小売業者のニーズは、①必要なものを、②必要なときに（配達時間指定や発注の多頻度化、納品の短納期化への要請）、③必要な量だけ（大量発注から少量発注へのシフト）発注する、多頻度小口配送への要求が強くなっています。物流でも、ジャスト・イン・タイム物流を実現することが重要です。単に物流部門や物流業者だけで解決できる課題ではなく、企業全体や流通チャネル全体で課題解決に取り組む必要があります。

### (3) 物流ニーズの多様化

　セブン＆アイホールディングスやイオンなどの大規模小売業者は、質の高い顧客サービスやコスト削減の実現に向けて、物流を競争優位の手段としてとらえる傾向があります。

　小売業の物流に対するニーズは、次の3点です。

①納品場所を指定した「指定場所納品」
②納品日時を指定した「指定時間納品」
③発注どおりの納品を求める「納品率の向上」

　小売業者は、他社との差別化を実現する上で、「スピードと正確性、効率性」の確保を重視しています。その手段として、物流が注目を浴びています。

### (4) 物流経路の変化

　経済の成熟化が進む中、産業構造も大きく変化しています。製造業では、資本提携による共同開発や共同生産の動きが活発化しています。流通業においては卸の中抜きなど、経由するチャネルを短縮化・単純化する傾向がみられ、抜本的なチャネル見直しが行われています。

　流通チャネルは伝統的に、メーカー→卸売業者→小売業者→消費者の流れをたどっていました。チャネルが見直し・変更されると、物理的な

商品の流れ（物流経路）も変化します。具体的には、次の3つがあります。
①メーカーから小売業者への直接配送
②一括共同配送
③自社流通センターを使った配送

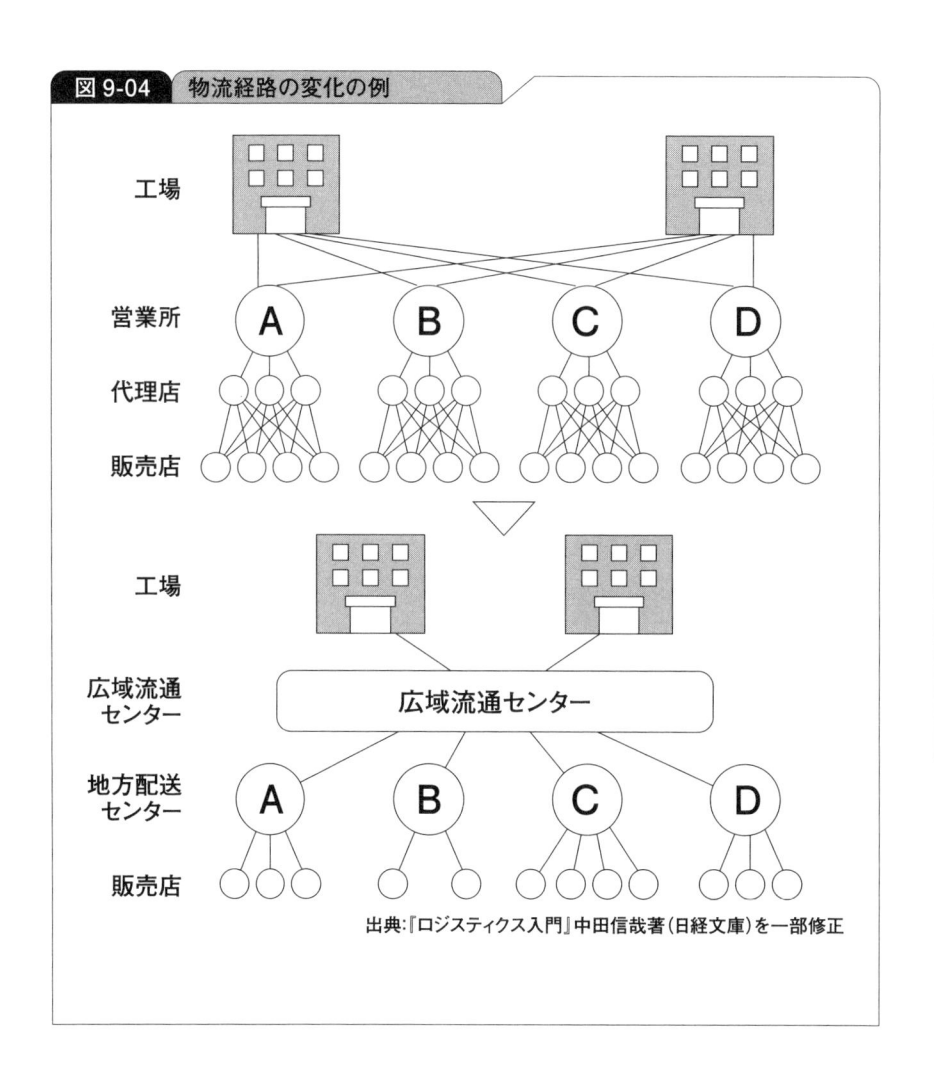

**図 9-04　物流経路の変化の例**

工場
営業所　A　B　C　D
代理店
販売店

↓

工場
広域流通センター
地方配送センター　A　B　C　D
販売店

出典：『ロジスティクス入門』中田信哉著（日経文庫）を一部修正

section 3　物流戦略

# 物流と環境問題

　企業が今後、ビジネスを成長・発展させていく上で避けて通れない課題に「環境問題」があります。環境問題は、流通チャネルすべてのメンバーが取り組むべき重要課題です。企業が永続的に発展していくためには、自社の利益を向上させることが大切ですが、企業は単独では存続できません。企業は、企業を取り巻くステークホルダー（顧客、投資家、株主などの利害関係者）との関係や社会との関係を無視しては成り立ちません。企業が存続するためには、社会と共生していくことが必須です。

　本 section は、環境問題と企業との関係について解説した後、対応すべき環境面での課題について触れ、環境問題に対する取り組みについて紹介します。

## (1) 環境問題と企業経営

　環境問題は、企業にとって強制的な面と、機会ととらえた場合には、競争力の増強につながるという2つの側面を併せ持っています。

　ひとつは、環境に関する社会からの要請や法律への対応という側面です。法律ですから、企業が好むと好まざるとにかかわらず、例外なく強制的に遵守・対応しなくてはなりません。

　もうひとつは、環境問題はとらえ方・取り組み方によっては、競争優位の源泉となるという側面です。企業が環境に優しい独自の生産技術を有している場合、ステークホルダーからの評価の向上が期待できます。環境に優しい技術開発や取り組みを行うことは、使用する原材料の削減や物流の効率化にも直結し、より少ないコストで大きな成果を生みます。

### (2) 流通チャネルにかかわる環境問題

流通チャネルに影響のある環境問題のうち、①大気汚染・地球温暖化問題、②リサイクルに関する問題、について解説します。

①大気汚染・地球温暖化問題

「輸送機能」は、物流機能の中で最も重要な機能です。多頻度小口配送等のニーズが高まる中、トラック輸送に多くを依存しています。トラック輸送の割合も年々増加しています。トラック輸送は、鉄道や内航海運に比べて、二酸化炭素（$CO_2$）の排出量が多いのが特徴です。

大型トラックは、主にディーゼルエンジンを使用します。ディーゼルエンジンからは、窒素酸化物（$NOx$）や硫黄酸化物（$SOx$）が排出され、大気汚染や酸性雨の原因になります。信号待ちや渋滞中のアイドリング状態では、$NOx$が多く排出されます。地球温暖化防止への関心が高まる中、$CO_2$や$NOx$、$SOx$の排出量を抑制する必要があります。中でも、

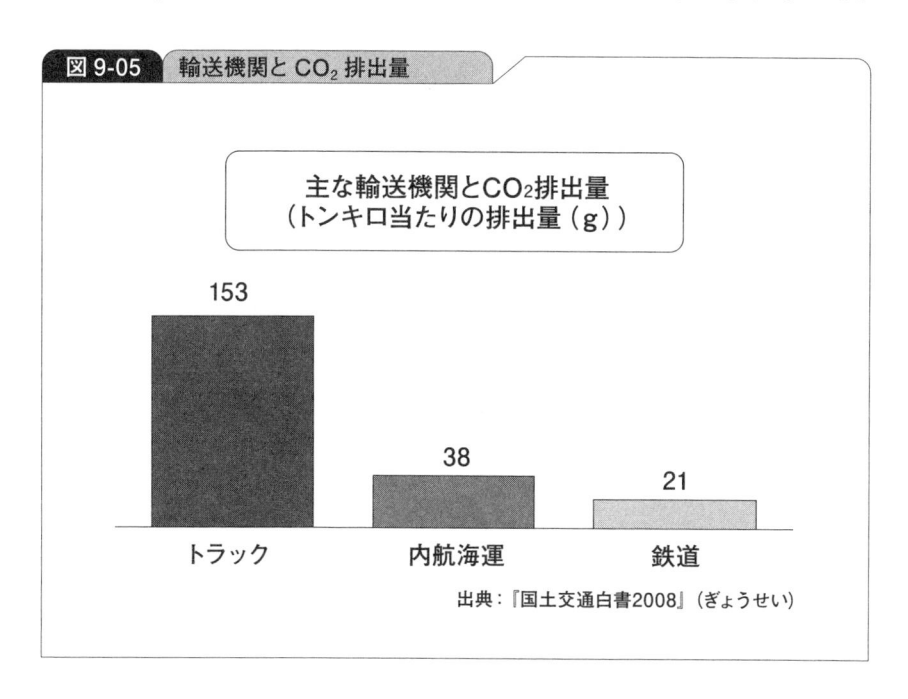

**図9-05　輸送機関と$CO_2$排出量**

主な輸送機関と$CO_2$排出量
（トンキロ当たりの排出量（g））

- トラック：153
- 内航海運：38
- 鉄道：21

出典：『国土交通白書2008』（ぎょうせい）

トラック輸送が主流の物流業界にとっては、重要な問題です。

②リサイクルに対する取り組み

　メーカーおよび流通チャネルに影響するリサイクルについて触れます。「循環型社会形成推進基本法」が制定され、①容器包装リサイクル法、②廃棄物処理法、③家電リサイクル法、④自動車関連のリサイクル法等が制定されました。いずれも、製品完成後のリサイクルに関連する法律で、再商品化の義務等、メーカーや流通チャネルが取り組むべきことが盛り込まれています。

**(3) 環境問題に対するさまざまな取り組み**

　企業が環境問題に取り組む上での課題を、モーダルシフト化とユニット・ロード化を中心に考察します。

①モーダルシフト化

　物流は、トラック等の自動車輸送に依存していました。自動車輸送は、石油資源消費問題、温暖化ガス排出問題、騒音問題などを内包しています。環境問題に対応した輸送方法への転換が必要です。

　モーダルシフト化とは、幹線輸送はトラックではなく大量輸送できる鉄道や海運を活用、各地域への物流は従来どおりトラックを活用、など輸送手段を変更することです。トラックと連携した複合一貫輸送を推進することで、環境面に配慮しながら大量輸送を可能にします。

②ユニット・ロード化

　ユニット・ロード化とは、商品を大量に扱う際に、標準化したパレットや容器、コンテナなどに荷物を積載して行うことをいいます。パレットごとにユニット化（単位化）し、1単位の貨物として扱います。パレットごとに、トラックなどに積載して輸送する方法です。

　ユニット・ロード化によって、輸送効率が向上し、ゴミの排出を抑制でき、荷役作業を省力化できます。

③環境問題に取り組む上での課題

　環境問題を論じる上で重要なのが「廃棄物」です。廃棄物発生の原因のひとつは、商品の売れ残りです。商品の返品も、廃棄物発生原因のひとつです。商品の廃棄ロスを削減するためには、流通チャネル間で正確な需要予測を行って情報を共有化し、需要に基づいた生産を行い、納品までの所要時間を短縮することが重要です。サプライチェーンマネジメントを推進することで適正な在庫を実現し、廃棄物を抑制できます。

　納品手段の改善、同業者との共同配送、包装の簡素化など、商品販売現場での改善、店舗設備の省エネ化、リサイクルしやすい製品の開発等に取り組まなければなりません。個々の企業が単独で実施することも重要ですが、共同開発・共同実施、アウトソーシングなどにより実現していかなければなりません。

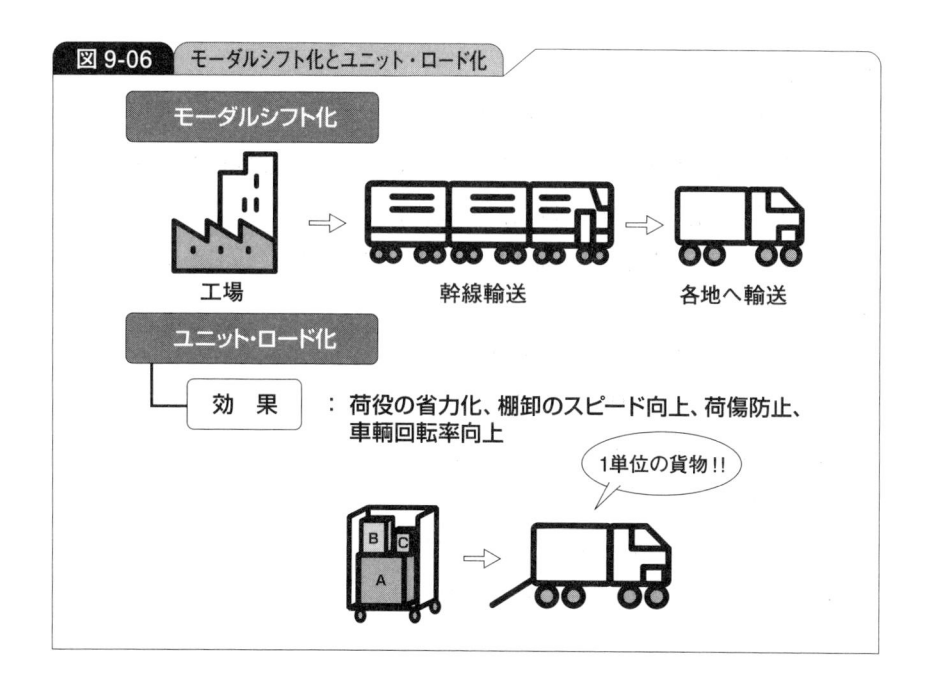

図 9-06　モーダルシフト化とユニット・ロード化

モーダルシフト化

工場 → 幹線輸送 → 各地へ輸送

ユニット・ロード化

効果：荷役の省力化、棚卸のスピード向上、荷傷防止、車輌回転率向上

1単位の貨物!!

section 4　物流戦略

# トータル・ロジスティクス

　ロジスティクスは、もともと軍事用語として利用されていました。戦争時に、食料や軍事用品を後方から補給・供給して、軍事作戦を実行するための機能を意味していました。ロジスティクスは、原材料の調達から社内運搬、消費者に届けるまでのモノの流れを戦略的にマネジメントする活動をいいます。

　本sectionは、ロジスティクスの定義や意味を理解した後、社会環境変化に対応したソーシャル・ロジスティクスや物流との違いについてみていきます。

## (1) ロジスティクスとは

　ロジスティクスとは、「顧客の需要と、調達、生産、販売、物流等の供給活動を合致させるための活動です。目的は、①顧客満足の充足、②無駄な在庫の削減や移動の削減、③供給コスト抑制、等を実現することで、企業の競争力と価値を高めていくこと」です。（社団法人日本ロジスティクスシステム協会HPに一部加筆修正）

　ロジスティクスは、企業の戦略を実現するために、
①顧客満足の充足を目的として、
②調達、生産、販売、物流を同期化し、一連の流れとしてとらえ、計画・実行・管理することにより
③在庫削減、移動・供給コスト抑制を実現し、
④競争力向上と企業価値を高める活動
です。

### 図9-07　ロジスティクスとは

**ロジスティクスの考え方**

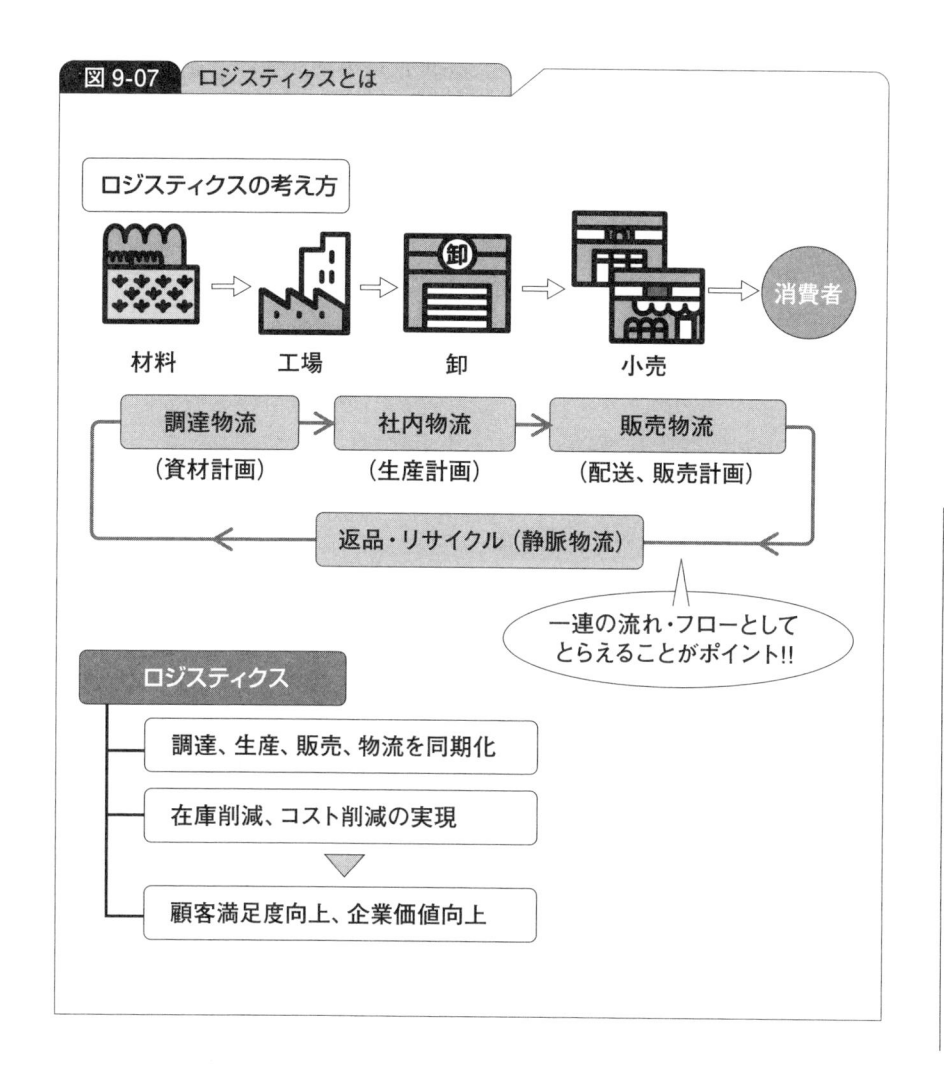

材料 → 工場 → 卸 → 小売 → 消費者

- 調達物流（資材計画）
- 社内物流（生産計画）
- 販売物流（配送、販売計画）
- 返品・リサイクル（静脈物流）

一連の流れ・フローとしてとらえることがポイント!!

**ロジスティクス**
- 調達、生産、販売、物流を同期化
- 在庫削減、コスト削減の実現
  ↓
- 顧客満足度向上、企業価値向上

## （2）ソーシャル・ロジスティクスとは

「物流と環境問題」で考察したように、大気汚染や地球温暖化、リサイクルに取り組むことは社会の要請です。ソーシャル・ロジスティクスとは、「社会の一員として、社会を意識して行うロジスティクス」です。

①リバース・ロジスティクス

従来、使用済み製品の回収・再生・再使用等は、やむを得ず行うものという位置づけでした。リサイクルに関する法律が整備され、企業として、リサイクルと向き合う必要があります。顧客に商品を提供する流れとは「逆の流れ」についても、戦略的に計画・実行・管理することがリバース・ロジスティクスです。

②グリーン・ロジスティクス

　大気汚染や地球温暖化問題は、企業として避けて通れない課題です。グリーン・ロジスティクスとは、$CO_2$の排出が少ない輸送方法への切り替え等、地球に優しいロジスティクスを設計していく活動です。

## (3) 物流管理とロジスティクスの違い

　工場における物流は、以下の4つに分けることができます。

①原材料の調達（調達物流）
②工場内での原材料や製品の配送・保管（社内物流または工場内物流）
③取引先が指定した時間と場所への配送（販売物流）
④販売した商品の返品、リサイクルのための回収（静脈物流またはリバース物流）

　これまで多くの企業は、調達物流は調達部門が計画・管理するもの、工場内物流は生産部門の責任で管理するものなど、部門完結で行われてきました。

　極端な言い方をすると、自社で生産さえすれば顧客は買ってくれる、と考えていました。しかし、顧客ニーズを充足させる視点に立つならば、顧客が欲しいものを欲しいときに必要な量を提供することが必要です。販売情報を工場と連携していなければ、生産に必要な原材料の調達遅れや余剰を招きます。

　そこで、原材料の調達から販売に至るプロセスと物流を、ひとつの「流れ」として体系的に計画・実行・管理することが必要になりました。こ

のような背景から、ロジスティクスの考え方が生まれました。ロジスティクスは、部門ごとでバラバラに計画・管理・実行する従来の物流とは異なります。

調達→生産→販売、返品・回収の活動を、一連の「流れ」として把握・管理する点が、物流管理との違いです。

図 9-08　物流とロジスティクスの比較

|  | 物流 | ロジスティクス |
| --- | --- | --- |
| 目的 | ・コスト削減<br>・効率化の推進 | ・コスト削減<br>・戦略実現に向けた効率と効果の追求 |
| 範囲 | ・調達物流<br>・販売物流 | ・調達物流<br>・販売物流<br>・静脈物流 |
| マーケティング活動 | 販売優先<br>(プロダクトアウト) | 顧客、市場重視<br>(マーケットイン) |
| 管理 | ・経験的管理<br>・労働集約型 | ・科学的管理<br>・資本集約型 |
| 多頻度小口配送への対応 | △ | ○ |

出典:『2009年版マーケティングクイックマスター』木下安司編著(同友館)を一部加筆修正

section 5　物流戦略

# メニュー・プライシング

　企業が、顧客満足度と企業価値を高めるために物流は重要です。メニュー・プライシングとは、物流業者が顧客に提供する付加価値の内容やレベルに応じて、対価を反映させる方式です。メニュー・プライシングを活用するための物流業者の取り組みについてみていきます。

### (1) 物流管理とアウトソーシング
　経営戦略上重要な物流は、どのような形態で管理・運営されているのでしょうか。管理・運営の形態は、①本社が物流部などによって統制・管理する手法、②自社の物流機能の全部または一部を自前で行うのではなく、子会社を設立して物流管理業務を委託する方法、③荷主の物流をアウトソーシングする方法、があります。

　アウトソーシングとは、すべての経営資源を自前でそろえるのではなく、経営機能の一部を外部から調達することです。代表的な例としては、情報システムの構築・管理や人材確保があげられますが、物流についてもアウトソーシングが行われています。

### (2) メニュー・プライシング
　メニュー・プライシングとは、物流業者が提供する付加価値や機能・サービスのレベルに応じて、レベルごとに価格を明示して設定することです。

　アウトソーシング活用の荷主側のメリットは、①コストパフォーマンスの向上、②高度で専門的なノウハウを持つ外部業者のノウハウの活用、

③固定費の変動費化による需要変動リスクの吸収、④自社の核となる経営資源の強化、等があります。荷主企業は、物流業者の物流サービス提供能力・経験やノウハウなどを評価して、物流という付加価値の高いサービスに対価を支払っています。

これまでは、物流業者が提供するサービスの内容や機能を考慮しないまま、業界の習わしで価格を決めていました。物流サービスには、受発

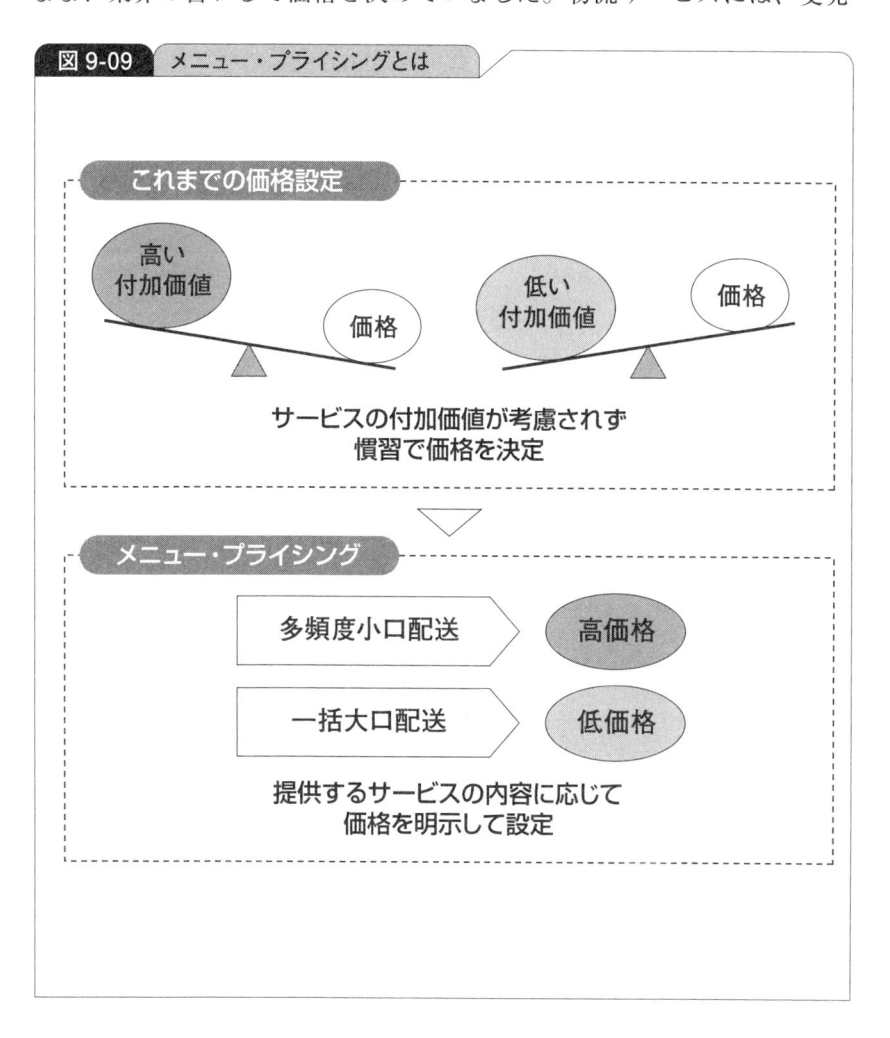

**図 9-09　メニュー・プライシングとは**

**これまでの価格設定**

高い付加価値 — 価格
低い付加価値 — 価格

サービスの付加価値が考慮されず慣習で価格を決定

**メニュー・プライシング**

多頻度小口配送　→　高価格
一括大口配送　→　低価格

提供するサービスの内容に応じて価格を明示して設定

注、在庫、小分け、各店舗への配送、返品、廃棄物のリサイクルなどがあります。小分けといっても、小口納品なのか一括納品なのか、配送にしても多頻度配送か定期配送かによって、荷主企業にもたらされる付加価値が異なります。物流業者の手間・労力（＝コスト）も、提供する付加価値のレベルによって異なります。

そこで、物流業者が提供する付加価値のレベルに応じた、適正な価格を設定するメニュー・プライシングが重要になります。

### (3) 物流業者の取り組み

メニュー・プライシングを導入し、付加価値の高いサービスを提供していくために、物流業者が取り組むべきポイントは次のとおりです。

①活動基準原価計算（ABC）

自社が提供するサービスと、対価である価格を明示するためには、サービスを提供する過程で発生するコストを明らかにする必要があります。ABCは、コストの発生源となる活動をベースに、コストを算定する手法です。

・活動の細分化（在庫・小分けなど）
・活動をするために投入する人材・設備などの経営資源の数値化
・活動別原価を掛け合わせた活動別のコスト計算

の流れでコストを計算します。

②リテールサポート

自社の提供するサービスの付加価値を高める取り組みのひとつとして、リテールサポートがあります。リテールサポートとは、小売業者の販売や業務効率向上の支援を行うことです。物流業者が、メーカーの最新商品情報や商品の売れ筋・死に筋情報を収集して、小売業者の店舗運営面や販売促進面、経営面の助言を行い、小売業者の成長に貢献することです。

具体的には、店舗レイアウト案作成や商品陳列・棚割り、広告、POP作成などの販売促進に関するサポートから、従業員教育、情報システム化の支援等があります。

③物流機能の総合的な企画・提案・実行

第三者の外部業者が、物流について、物流戦略の企画立案から実際の輸送・保管等の物流機能、物流の管理、改善案の立案および実行、情報システム化まで荷主企業から一括して引き受けます。企業は、効率的・効果的経営を実現することができます。

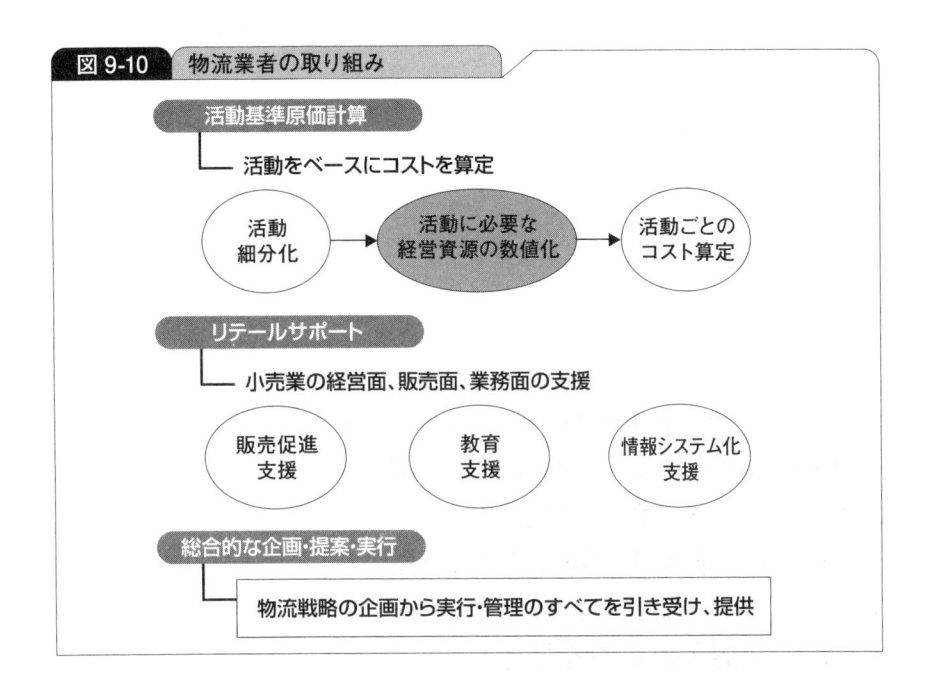

図9-10　物流業者の取り組み

**活動基準原価計算**
- 活動をベースにコストを算定

活動細分化 → 活動に必要な経営資源の数値化 → 活動ごとのコスト算定

**リテールサポート**
- 小売業の経営面、販売面、業務面の支援

販売促進支援　教育支援　情報システム化支援

**総合的な企画・提案・実行**
- 物流戦略の企画から実行・管理のすべてを引き受け、提供

section 1 　チェーン・オペレーションとは
section 2 　チェーン・オペレーションの動向
section 3 　インターネットと流通
section 4 　小売業や卸売業が抱える問題
section 5 　小売業成長の方向性
section 6 　卸売業成長の方向性

# PART 10

# 流通業の方向性

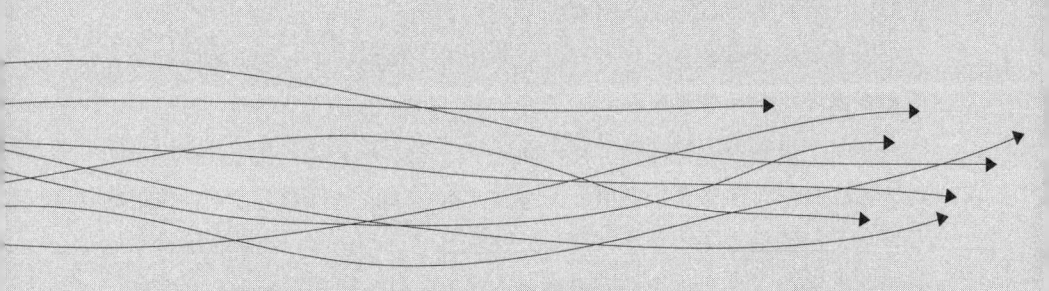

**流通業が成長するために
必要な取組とは**

section 1 　流通業の方向性

# チェーン・オペレーションとは

　本sectionでは、チェーン・オペレーションと呼ばれる流通の連結機能について考察します。

## (1) チェーン・オペレーションとは
①チェーン・オペレーションとは
　小売業が成長発展していくと、店舗面積の拡張にともない幅広い品ぞろえが求められてきます。
　しかし、単独の店舗が多品種の商品をそろえようとすると、その手間は膨大なものになります。取引する卸売業も多数におよぶため、事務的なコストが増加します。また商品の在庫も増えるなど、経営を圧迫する要因が生まれます。小売業が組織化されチェーン店となれば、共同仕入れを行うことで大量一括仕入れを実現することができます。そうすれば、単位当たりの仕入価格を下げることができます。こうした、コスト削減や業務効率化が、チェーン・オペレーションの基本となります。
　チェーン・オペレーションは、チェーン店の上位組織として本部を設置し、本部が仕入機能を持ちます。本部は仕入機能だけではなく、チェーンを構成する各店舗の統制を行い、戦略的な運営を行います。チェーンに属する各小売業（店舗）からみると、本部は卸売業の側面を持ちます。
②情報集約提供機能
　チェーン・オペレーションのメリットは、仕入コストや事務コストの低減だけではありません。情報集約提供機能もあります。
　チェーン本部が卸売業の機能を持った場合、本部には各店舗から仕入

情報が入ってきます。各店舗は、日常の店舗運営の実績値から売れ行きを予想して本部に発注しますから、本部には売れている商品（売れ筋）や売れていない商品（死に筋）の情報が逐次蓄積されます。チェーン店は、組織の規模が大きくなると、店舗の展開エリアが広がります。店舗が広域化すれば、地域の需要特性に関する情報が本部に集約されます。

本部に地域の需要特性が集約されると、今度はその情報の活用を考えます。例えば、複数の店舗の比較や地域需要の特徴などの分析に活かすことができます。2つの類似した地域がある場合、一方の店舗で売れ行きが好調な商品があれば、もう一方の店舗でも売れる可能性があるのではないかと判断できます。

他にも、地域のイベント情報や天候による需要変動など、本部には多面的な情報が収集されるため、チェーン店個々の品ぞろえ情報を各店舗に提供することができます。

各店舗からの需要情報を収集・分析した上で、各店舗にフィードバックする機能を情報集約提供機能といいます。情報集約提供機能が時間とともにさらに追加・強化され、チェーン・オペレーションが発展してきました。

③チェーン・オペレーションと物流

チェーン・オペレーションを考える場合、忘れてはならないのが物流です。いくら素晴らしい情報集約提供機能があっても、商品が必要なときに店舗に届かなくては意味がありません。

その際、物流コストを抑える工夫がされなくては、効率化を図ったとはいえないでしょう。チェーン・オペレーションで重要なのが流通センターです。

流通センターとは商品の物流拠点のことです。流通センターを利用した物流は、次のようになります。

チェーン加盟店が、ABCDの4店舗あるとします。チェーン本部は、

4店舗からの仕入データを収集します。その結果、商品Xと商品Yと商品Zについて、各店舗が次のようなオーダーを出してきたとします。

各店舗のオーダーシート

|  | 商品X | 商品Y | 商品Z |
| :---: | :---: | :---: | :---: |
| A店 | 100個 | 500個 | 900個 |
| B店 | 200個 | 600個 | 300個 |
| C店 | 200個 | 700個 | 400個 |
| D店 | 300個 | 400個 | 500個 |
| 合計 | 800個 | 2,200個 | 2,100個 |

　チェーン本部は、商品XYZに関して、各店舗の発注数量を合計した数を各メーカーに発注します。上表でいえば、商品Xは800個、商品Yは2,200個、商品Zは2,100個です。流通センターには、単品大量輸送によって発注どおりに商品が納品されます。商品が到着した流通センターでは、800個、2,200個、2,100個の商品をABCDのそれぞれの店舗の発注数をみながら振り分けていきます。振り分けた商品は、ABCDの店舗ごとにまとめておきます。店舗単位にまとめることで、店舗ごとの発注に合致した品ぞろえが実現します。各店舗に向かう専用のトラックに、まとめた商品を積み込むと配送の手配が整います。

　店舗では、到着した商品と発注リストを照らし合わせて検品を行い、問題がなければすぐに店頭に陳列します。このことから、チェーン・オペレーションにおける物流の役割がいかに大きなものであるかがわかります。

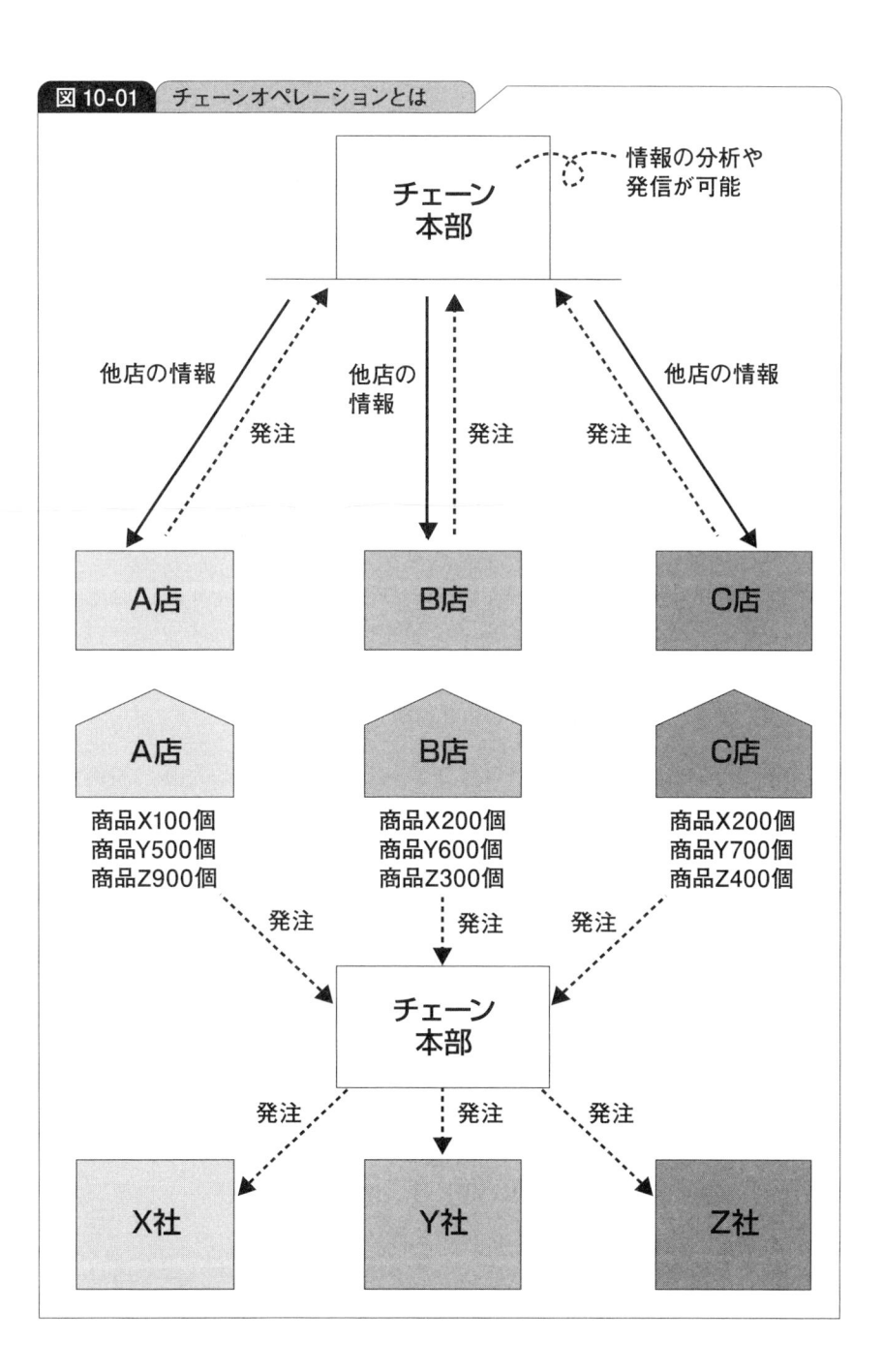

## 図 10-01　チェーンオペレーションとは

```
              ┌─────────────┐
              │  チェーン    │┄┄→ 情報の分析や
              │   本部       │     発信が可能
              └─────────────┘
           ↑ │    ↑  │    ↑ │
  他店の情報 │    他店の │  他店の情報 │
           │ 発注 情報  │ 発注      │ 発注
           ↓           ↓           ↓
        ┌─────┐     ┌─────┐     ┌─────┐
        │ A店 │     │ B店 │     │ C店 │
        └─────┘     └─────┘     └─────┘

        ┌─────┐     ┌─────┐     ┌─────┐
        │ A店 │     │ B店 │     │ C店 │
        └─────┘     └─────┘     └─────┘
  商品X100個    商品X200個    商品X200個
  商品Y500個    商品Y600個    商品Y700個
  商品Z900個    商品Z300個    商品Z400個
        ┊ 発注      ┊ 発注      ┊ 発注
        ↓           ↓           ↓
              ┌─────────────┐
              │  チェーン    │
              │   本部       │
              └─────────────┘
         ┊ 発注    ┊ 発注    ┊ 発注
         ↓         ↓         ↓
      ┌─────┐   ┌─────┐   ┌─────┐
      │ X社 │   │ Y社 │   │ Z社 │
      └─────┘   └─────┘   └─────┘
```

PART 10　流通業の方向性

section 2　流通業の方向性

# チェーン・オペレーションの動向

　前sectionでは、チェーン・オペレーションの基本的な機能や物流との関係についてみてきました。本sectionでは、チェーン・オペレーションの動向について考察します。

## (1) チェーン・オペレーションの分類
　PART4で、流通業の形態や業態についてみてきました。チェーン・オペレーションを導入している業態について、再度整理しておきます。
　単一資本のもとで小売を構成したものを、レギュラーチェーン（企業型チェーン）と呼びます。一方、契約型チェーンには、ボランタリーチェーンとフランチャイズチェーンがあります。本部と加盟店は契約で成り立っているため、本部の独断によって店舗を廃業したり、設備投資をすることはできません。チェーン店の収益向上が本部にとっての収益向上につながるため、加盟店のために積極的に情報提供を行い、経営上のアドバイスに注力します。

## (2) 通信販売業のチェーン・オペレーション
　チェーン・オペレーションの特徴は既にみてきたように、「情報集約提供機能」と「物流」にありました。チェーン・オペレーションの仕組みは、店舗を構える小売店だけでなく、他の業態でも注目されて利用されるようになりました。そのひとつが通信販売業です。
　大手の通信販売業者の取扱商品は多岐にわたります。注文は、個人客一人ひとりから受け取りますから、注文内容は多様です。同じ商品を一

度に大量注文する人や、多くの種類の商品をひとつずつ注文する人がいます。

通信販売業者が、それぞれのメーカーに対して個人の注文があるたびに発注したとすれば、手間や事務処理コストは膨大になってしまいます。そこで、通販業者が卸の役割に徹した物流センターの仕組みを利用すれば、効率的な受発注と配送を実現することができます。

仕組みは、スーパーマーケットのチェーン・オペレーションと同じです。個々の注文を集計して、商品ごとの必要数を算出します。次に、算出した必要数をメーカーごとにまとめて発注します。メーカーから納品されたら、個人の注文明細単位で商品を取りそろえます。商品を取りそろえる作業をピッキングといいます。ピッキングが終了したら、発送します。発送は、宅配業者に任せるのが一般的です。自前で全国津々浦々までの配送網を構築するのは、莫大なコストと時間がかかります。

そのため、外部の専門業者を利用します。大手の宅配業者は、日本のほとんどのエリアで翌日配達が可能ですから、スピーディに商品を届けることができます。スーパーなどのチェーン・オペレーションでは、配送先が各店舗など固定化されているため、自前の輸送部門を持つケースがあります。

### (3) 情報集約提供機能

次に、情報集約提供機能について考察します。

通信販売業者でも、情報集約提供機能は重要になってきました。1990年までの通信販売業者は、チラシやカタログを配布して注文を待つという"待ちの営業"でした。

しかし、インターネットや24時間生放送のショップチャンネルの出現によって競争が激化してきました。競争に勝ち残るためには、"待ちの営業"から脱皮して、"攻めの営業"に転じる必要があります。通販

業態の攻めの営業とは何か、と疑問に思う方も多いと思います。そこで活用されるのが、情報集約提供機能です。

情報集約提供機能を、情報集約機能と情報提供機能に分けて考察します。

情報集約機能は、顧客の購買履歴を集約して分析する機能です。顧客が住んでいる地域や家族特性、購買履歴の類似等を分析します。その上で、顧客の属性を細かくタイプ別に分類します。

情報提供機能は、分類されたひとつのタイプ内での売れ筋商品を、商品を購入したことがない顧客に勧める機能です。実際には、ダイレクトメールを送付したりeメールを送信します。

カタログ通販の場合は、顧客のタイプ別にカタログ自体が複数のタイプに分類されており、ターゲット顧客ニーズにマッチしたものを送り届け、受注機会を増やしています。

### (4) 情報化の進展

情報ネットワークの高速化と大容量化によって、大量のデータをリアルタイムで伝達することができます。それによって、個々の企業が持っているさまざまな情報が、企業の枠を超えて共有されるようになってきました。

企業間の情報共有化は、企業活動の共同化にも拍車をかけます。チェーン・オペレーションは、情報と物流が上手くかみ合うことで、効果を発揮します。情報と物流のどちらか一方だけでは、効果は発揮できません。

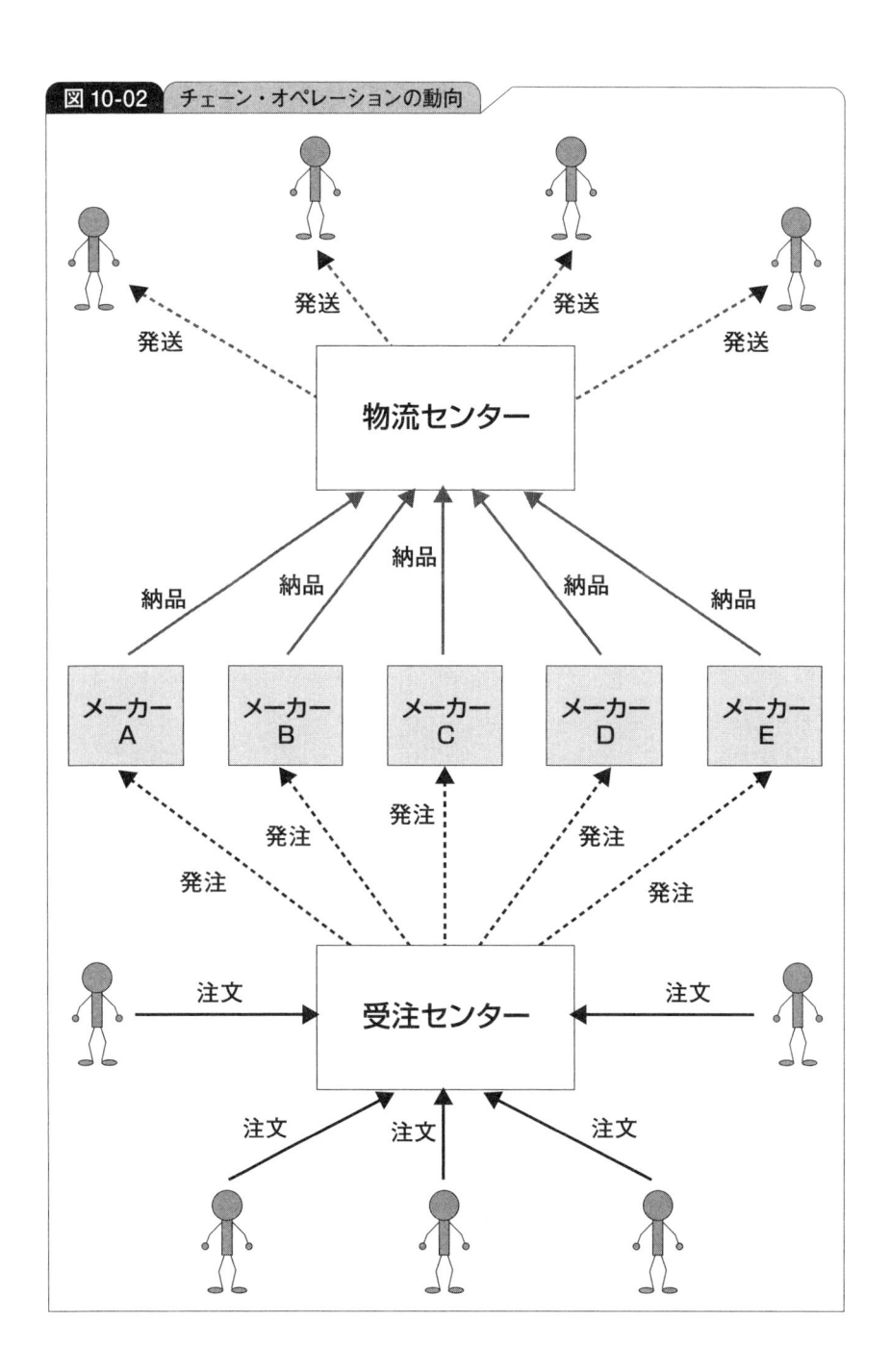

### 図 10-02　チェーン・オペレーションの動向

PART 10　流通業の方向性

section 3　流通業の方向性

# インターネットと流通

　日本のインターネット人口は急速に増加し、2007年に8,227万人となりました。大容量で高速の通信網が普及し、Webサイトを閲覧する以外の利用目的が増えてきました。利用者数が急激に増加しているのが、インターネットを使った通信販売です。ネット通販と略して呼ぶ場合もあります。

　ネット通販の中には、実際の店舗を持たずにインターネット上に仮想の店舗を構え、顧客との取引を行っている業態もあります。本sectionでは、ネット通販と実店舗での販売との違いを比較しながら、ポイントを整理します。（詳細は、本シリーズ『インターネットマーケティング』を参照）

### (1)　ネット通販の店舗側のメリット
①幅広い顧客を対象に取引できる
　インターネットに国境はありませんから、世界中の人たちをターゲットにしたビジネスを展開することができます。生産者が消費者と直接取引することができるため、流通マージンを確保しやすくなります。
②少ない資本で開業できる
　ネット上の店舗（バーチャル店舗）は、実際の店舗（リアル店舗）のように土地・建物は必要ありません。リアル店舗では、立地が重要な成功要因ですが、バーチャル店舗に立地はありません。手持ち資金が少ない中小企業でも、ネット通販なら容易に開業することができます。小売業だけではなく、卸売業でもネット上で開業することができます。

## (2) ネット通販の利用者のメリット

### ①時間に関係なく利用可能

実店舗は、営業時間や定休日が定められているところがほとんどです。バーチャル店舗は、24時間・年中無休営業が基本です。

したがって、消費者は、いつでもショッピングを楽しむことができます。注文した商品を受け取る場所や時間を指定でき、注文者の都合にあった商品の受け渡しが可能です。

### ②居住地に関係なく利用可能

リアル店舗の場合、店舗に立ち寄って商品を購入する必要があります。バーチャル店舗の場合、店舗に立ち寄る必要がありません。注文者は、自宅からの注文にこだわる必要がなく、インターネットに接続できる環境さえあれば、どこからでも注文できます。海外のWebサイトにアクセスすれば、日本の実店舗で取り扱っていない商品を入手することもできます。

### ③同じ商品であっても他店と比較購入可能

実店舗で商品を買う場合、購入前に同じ商品を取り扱う店を訪問し、価格やサービスなどを比較することがあります。比較するためには店舗間を移動する必要がありますから、時間や交通費等のコストがかかります。顔なじみの店なら、買わないと気まずい思いをすることもあるでしょう。

バーチャル店舗では、短時間に複数のWebサイトを確認できますから、時間やコストをかけずに店舗を比較して、商品を購入できます。価格、在庫の有無、納期、受け渡し方法、保証、決済方法などを比較します。

バーチャル店舗を利用した人の、店舗に対する評価を確認することができるWebサイトがあります。店舗を選んで、購入する際の意思決定の判断材料として利用することができます。

④他の商品と比較購入可能

　商品を購入する場合、多くの候補から自分のニーズを最も満たす商品を選んで購入します。バーチャル店舗を利用して商品を購入する場合も同じです。商品によっては、インターネットを利用した方が、商品を比較しやすい場合もあります。

　家電製品は、代表的な比較購買商品です。メーカーやラインナップなど、多くの商品が比較対象となります。家電製品を比較する場合に便利なWebサイトが人気を呼んでいます。「価格.com」などに代表される価格比較サイトです。店舗別の販売価格情報、実際に商品を買った人の使用感など、「口コミ」といえる情報が発信されています。実際に買った人の情報を購入前に知ることができることは、商品を手に取ることができない消費者にとっては非常に有益です。

## (3)　リアル店舗とバーチャル店舗

　バーチャル店舗での買い物は、商品の比較ができ、安い店舗を選んで購入することができるため、今後ますます発展するでしょう。それにともない、リアル店舗の役割がなくなったのかというと、そうではありません。鮮魚などの生鮮品や質感や使用感が重要なスポーツ用品などは、実際の店舗での購買が重視されます。

　消費者の購買行動にも、変化が出てきました。デパートで現物をみて品定めし、帰宅後にインターネットで同じ商品を安く販売しているバーチャル店舗から購入する消費者が増えてきました。これは、リアル店舗とバーチャル店舗の利点だけを利用した購買行動といえるでしょう。

| 図 10-03 | インターネットと流通 |

**デパートでは現物をチェックするだけ**

サイズは9号でピッタリだわ！

⬇

デパートで確認した商品をネットで探し、一番安いところから購入。
バーチャル店舗とリアル店舗の利点だけを利用した行動

PART 10 流通業の方向性

section 4　流通業の方向性

# 小売業・卸売業が抱える問題

　これまで、流通業の仕組みや機能についてみてきましたが、本sectionでは、小売業の課題と卸売業の課題を考察します。

**(1) 小売業の抱える問題**
　小売業が抱える問題には、競争激化、需要の停滞、他地域への購買力の流出、消費者ニーズの変化への対応等があげられます。
①競争激化
　小売業の抱える最も深刻な問題は、競争の激化です。大型店の商圏内への進出や新業態の参入など、競争環境がめまぐるしく変化しています。
　新業態の参入については、同業者のみの競争から、ある日、まったく違う業種や業態の小売業がライバルになることもあります。一例をあげれば文房具店です。文房具店は取扱品によって大きく2つに分かれます。ひとつが学童文具を中心とした店、もうひとつがビジネス用の文具や紙製品です。学童文具店は、「100円ショップ」の進出に大きな影響を受けています。当初は「安かろう、悪かろう」という印象が消費者側にありましたが、近年は品質が向上し、品ぞろえも充実してきたことから利用者が増えています。
　一方、ビジネスニーズに関しては、「アスクル」や「カウネット」に代表される、通信販売業者に顧客を奪われています。"今日注文すると明日届く"という利便性と、カタログで選ぶ楽しさがオフィスで働く女性に支持され、一気に顧客を増やしました。
　個店が厳しい競争の中で勝ち残っていくためには、顧客との対話を

しっかりと行い、ニーズを把握することが重要です。

②需要の停滞

　需要の停滞は、小売業にとって大きな問題です。需要自体が低下してしまっては、売上の向上は期待できないからです。しかし、需要が停滞しているからといって、すべての小売業の売上高が低迷しているわけではありません。逆風の中でも、着実に売上を伸ばしている小売業は存在します。逆風に強い店舗にみられる特徴は、マーケティング活動をしっかりと行っていることです。定期的に顧客が喜ぶプロモーションを実施したり、顧客の声を品ぞろえやサービスに反映させる等の工夫を行っています。

③他地域への購買力の流出

　商圏内に集客力のある大型商業施設ができると、購買力が流出します。地元の小売業にとっては死活問題です。しかし、流出している顧客をみているだけでは問題の解決にはなりません。他の地域に顧客が流出するのは、地域に魅力的な店舗がないからかもしれません。ライバル店を視察し、自店との違いを明確にしながら、一人ひとりの経営者が魅力ある店づくりを心掛けていく必要があります。

④消費者ニーズの変化への対応

　消費者ニーズは日々変化しています。個々の消費者によってもニーズは異なります。消費者ニーズをいかにつかむことができるかが、小売店にとって重要になってきます。

　消費者ニーズは、どのようにすれば把握できるのでしょうか。答えは2つあります。ひとつは情報技術（IT）の活用です。代表的なものに、POSシステムがあります。POSシステムのデータを分析することによって、嗜好の変化や購買傾向を知ることができます。もうひとつは、顧客との直接のコミュニケーションからです。顧客の問い合わせや取り寄せの依頼、購入後の感想等を真のニーズとしてとらえます。それらを、品

ぞろえやサービスの改善に役立てることで、常に顧客から支持される店であり続けることができるのです。

### (2) 卸売業の抱える問題

卸売業が抱える問題には、需要の停滞、販売単価の低下があげられます。

#### ①需要の停滞

問屋無用論が提唱される中、卸売業の存在意義を考え直す必要があります。大手チェーン店は、チェーン・オペレーションにより、本部が卸の機能を果たしています。同様に、メーカーの消費者への直接販売や小売業への直接販売等による取引量が増加し、卸売業の取扱量が減少しています。今後は、複数の卸売業が互いの得意分野を持ち寄った形で深く広い品ぞろえを実現し、小売業の多様なニーズに応えていくことが求められます。

#### ②販売単価の低下

小売業間で価格競争が激化すると、卸売業にも影響が出てきます。小売業は1円でも安く仕入れたいという希望から、新たな卸売業を開拓したり、低価格の要請を突きつけたりといったことが起こってきます。価格は一度下げると、元に戻すことは非常に困難です。価格を下げなくても、取引をしてメリットのある卸売業になる必要があります。商品の価格だけのつながりでは、しだいに要求がエスカレートし、いずれは小売業とともに共倒れになってしまいます。小売業が卸売業に求めているのは、リテールサポート機能です。

売れ筋商品等の情報提供や、魅力的なプロモーションの提案、陳列や棚割りの提案、従業員教育の実施等、卸売業が小売業から期待される役割は多いのです。メーカーと小売業を結ぶ物流機能重視から、情報のマッチング機能を重視した卸に変わっていく必要があります。

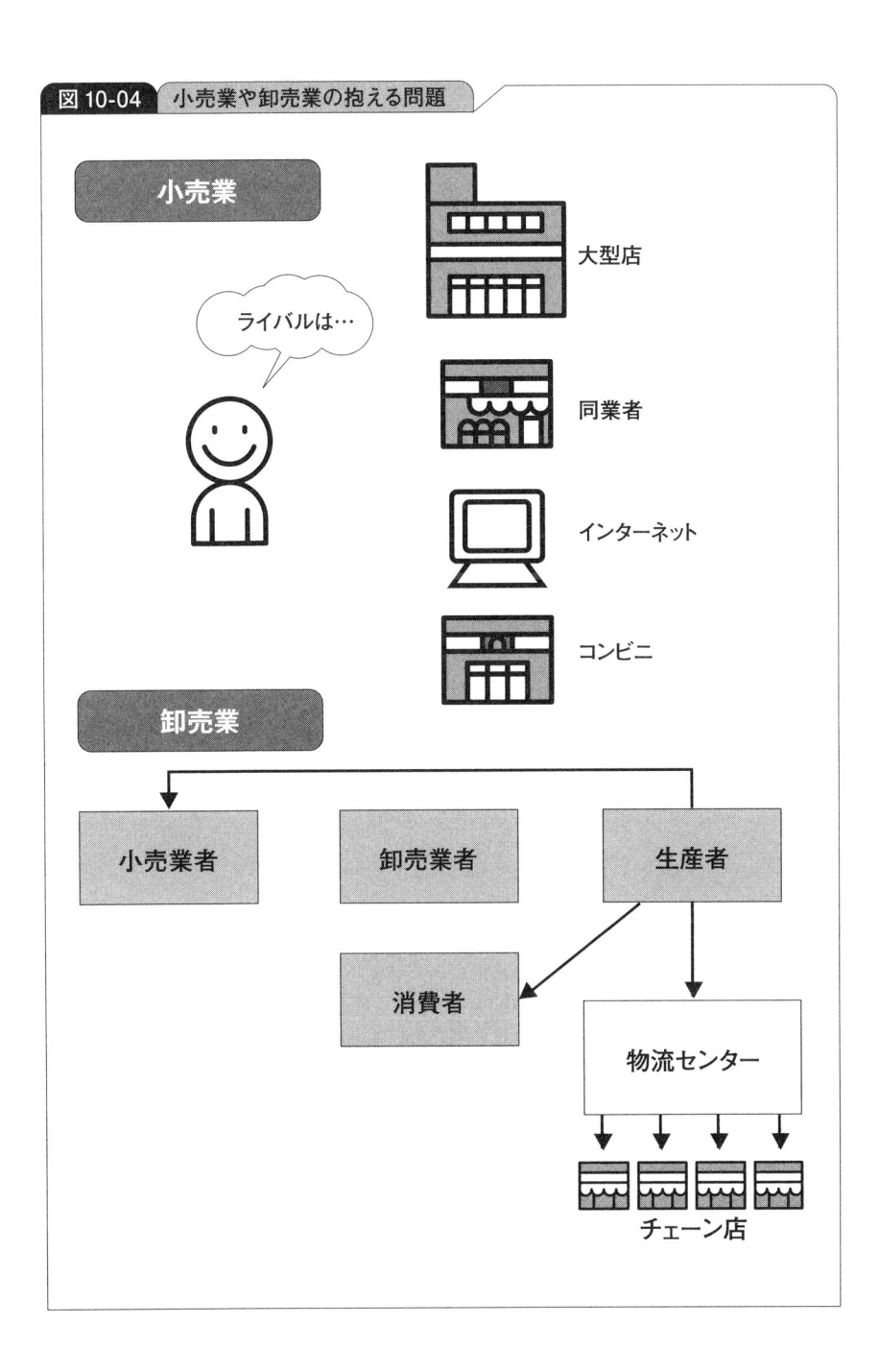

## 図 10-04　小売業や卸売業の抱える問題

**小売業**

ライバルは…

- 大型店
- 同業者
- インターネット
- コンビニ

**卸売業**

小売業者　卸売業者　生産者

消費者

物流センター

チェーン店

PART 10　流通業の方向性

section 5 　流通業の方向性

# 小売業成長の方向性

　前sectionで考察したとおり、今後、小売業は変化する消費者ニーズに対応していく必要があります。小売業が消費者ニーズに対応するための方法のひとつとして、業態開発があげられます。

　業態開発の具体的な方法には、①商品構成の見直し、②販売方法の見直し、③サービス内容の見直し、④業態転換、などがあげられます。また、コンビニエンスストアとの競合も重要な課題です。

## (1) 商品構成の見直し

　消費者ニーズは、時代とともに変化します。小売業が消費者ニーズに応え続けるには、定期的に自店の商品構成を見直す必要があります。

　具体的には、商品種類の拡大、商品の絞り込み、専門化などがあげられます。総合的な品ぞろえをしていた酒販店が、ワインの品ぞろえを充実させて、デパートでワインを購入する顧客のニーズに応えている例もあります。

## (2) 販売方法の見直し

　販売方法の見直しとは、商品をどのように消費者に届けるかを考え直すことです。具体的には、カタログ販売の導入やインターネットを利用した販売などがあげられます。

　販売方法の見直しのポイントは、顧客の利便性を最優先することです。利便性が高まることで、従来の顧客以外の顧客を取り込むことができます。

【事例】

　DVDや音楽CDのレンタル業者A社は、従来の店舗での商品受け渡しから、インターネットを使った商品の提供を始めました。インターネットで予約をすると、自宅にレンタル品が届き、返却は郵便ポストに投函する仕組みです。新たな販売方法を導入することで、忙しい人や店舗から遠い顧客の需要を開拓しました。

### (3) サービス内容の見直し

　サービス内容の見直しとは、宅配の導入やアフターサービスの充実等、顧客満足度の向上を考え直すことです。サービス内容を充実させることで顧客の利用が期待でき、サービスに見合った価格で商品を新規提供できます。競合店との差別化につながり、「どうせ買うのなら、あの店にしよう」と店舗の求心力が高まります。

### (4) 業態転換

　業態転換とは、従来の標的顧客から新たな標的顧客に変更したり、取り扱う商品やサービスの内容を大きく変更することをいいます。

【事例】

　都内の近隣型商店街に立地する寝具店は、ギフトプラザへ業態転換をしました。従来、同社は冠婚葬祭時の寝具需要を重視してきました。近年、冠婚葬祭時には寝具以外にさまざまなギフト商品が求められるようになり、ギフト商品を強化しました。
　外商にも力を入れ、"待つ商売"から"提案する商売"に転換しました。ギフトコーナーは好調で、布団は単価が高く、なかなか売れませんでしたが、ギフト商品は単価の幅が広いため、顧客のニーズに応えやすく販売は好調です。

### (5) コンビニエンスストアと小規模小売業との競合

　コンビニエンスストアは情報技術の活用が進み、それに素早く対応しているため、業績を伸ばしています。しかし、消費者はコンビニエンスストアに対して、「価格が高い」「ある特定の商品群の品ぞろえが少ない」という不満を持っています。コンビニエンスストアは若者を主な顧客層としており、高齢者対応の店づくりになっていません。コンビニエンスストアといえども、その業態特性からくる強みと弱みを持っています。小規模小売業が、コンビニエンスストア業態が対応していない特色を持つことは、競争に勝ち残る戦略のひとつです。

【事例】

　兵庫県の住宅地に立地するB酒販店は、ディスカウントストア、コンビニエンスストアとの競争により、売上が大きく落ち込んでいました。コンビニエンスストアが徒歩3分の距離にあり、20代、30代の顧客を奪われていました。同社は売上の回復・上昇を狙い、必要な商品情報を得るため、酒販店で構成する情報ネットワーク組織へ参加しました。

　情報ネットワーク組織は、全国レベルの売れ筋商品データの提供や週1回と取り決めた小口の商品配送等も行っています。

　同社は、情報ネットワーク組織に参加することで品ぞろえを拡大させ、若い世代に人気のワイン、カクテルを導入して客層の若返りを図りました。新商品を積極的に導入して品ぞろえを充実し、ミニコミ誌を発行するなど販売促進にも力を入れて顧客の呼び戻しに成功しました。配送サービスにも力を入れ、固定客づくりに取り組んだ結果、売上は上昇に転じました。

### 図 10-05　小売業成長の方向性

**経営革新の流れ**

競争激化　　現業種衰退　　後継者不足　　等

↓

問題点の把握・将来予測

↓

経営革新イメージの検討

↓

市場調査等マーケティング

↓

経営革新策の試行・決定

↓

| 商品構成の見直し | 販売方法の見直し | サービス内容の見直し | 業態転換 |
| --- | --- | --- | --- |
| 商品種類の拡大<br>商品の絞り込み<br>専門化<br>等 | カタログ販売の導入<br>インターネット販売の導入　等 | 宅配の導入<br>アフターサービスの充実<br>等 | フランチャイズチェーン加盟<br>等 |

情報技術の活用

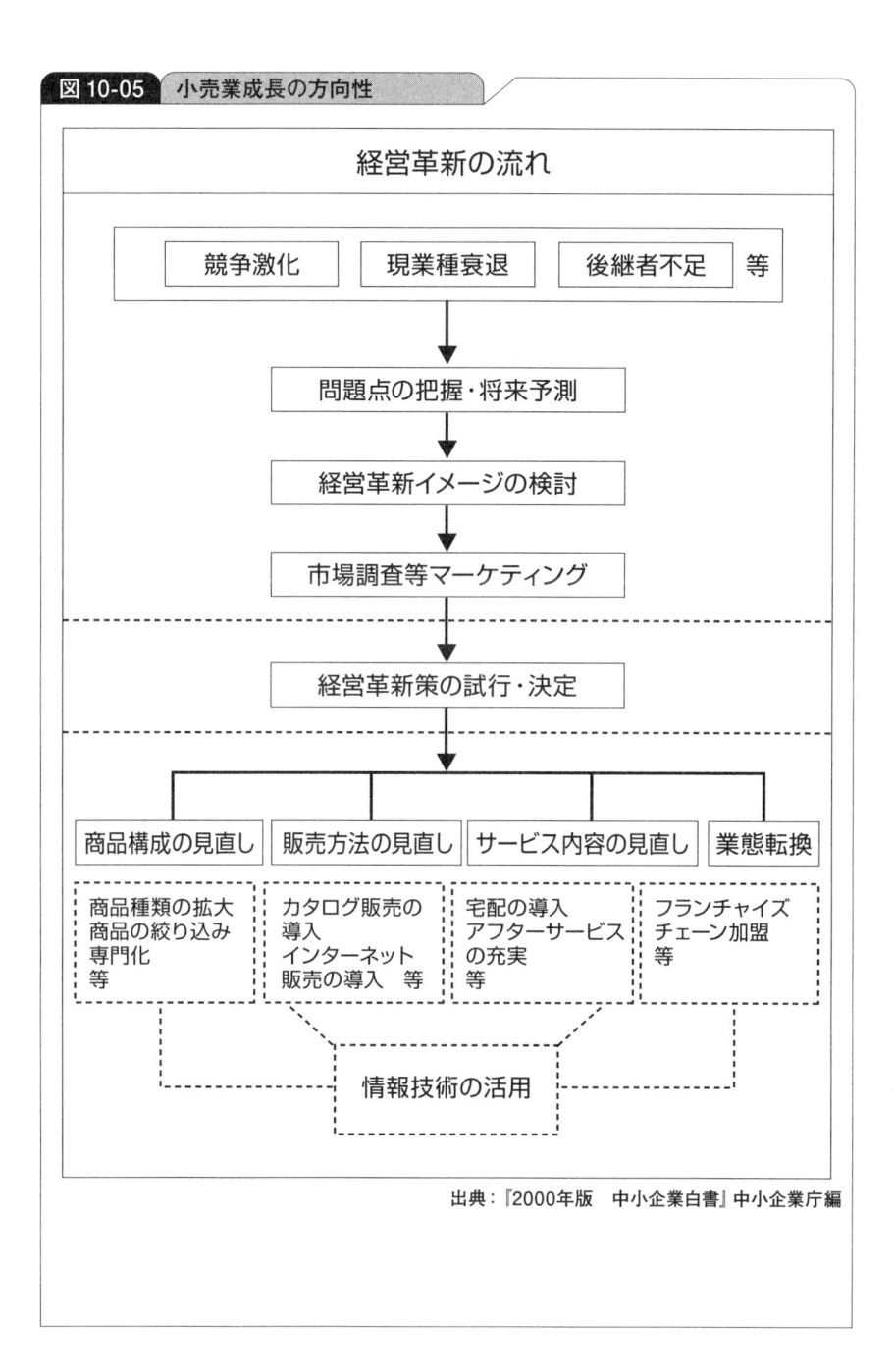

出典：『2000年版　中小企業白書』中小企業庁編

PART 10　流通業の方向性

section 6 　流通業の方向性

# 卸売業成長の方向性

　卸売業は、「需要の停滞」や「販売単価の低下」などの問題を抱えています。本sectionでは、「需要の停滞」や「販売単価の低下」などの問題を克服し、卸売業が成長していくための方向性について考察します。

　卸売業の成長の方向性には、次の5つがあげられます。
①品ぞろえの強化
②物流機能の強化
③リテールサポート機能の強化
④ボランタリー・ホールセラー化
⑤消費者への直販

### (1) 品ぞろえの強化

　大規模な小売業の品ぞろえの要求に応えるには、取扱品目の充実が必要です。いわゆる、フルライン化（総合化）です。しかし、中小の卸売業がフルライン化に対応することは困難な場合が多いため、大規模卸売業のフルライン化に参画して異業種の卸売業と提携することで、取扱製品のフルライン化を実現させている例もあります。

　一方、個性的な品ぞろえの方向に特化し、得意先小売業の売場の品ぞろえをリードすることも選択肢のひとつです。品ぞろえに特色を出すために、海外の商品を日本人向けに調整して輸入するなど海外製品を活用し、他社にない競争優位性を持った商品構成に努力している卸売業もあります。

### (2) 物流機能の強化

　卸売業は規模の大小に関係なく、ローコストオペレーション（低コストの作業管理システム）を可能とする物流システムを確立することにより、物流機能の強化を図ることが必要です。ローコストオペレーションが可能な物流システムの確立に当たっては、卸売業自身の物流活動と得意先への配送・納品を含めたトータルな物流システムの改善が必要です。

　東京都内のある会社は、大手資本主導で、中堅の和洋紙卸売業6社が共同で物流会社を興しました。消費者ニーズの多様化による取扱品目の増加、配送の小口化といった物流環境の変化および交通渋滞による物流コストの増加、土地高騰による倉庫用地の取得難といった社会情勢の変化に対して、6社が個別に対応することは限界に達していました。

　そこで、6社は共同物流会社を設立し、共同仕入れ・共同保管・共同配送を実現しました。倉庫に自動ラックシステムを導入、正確な在庫管理を実現し、6社それぞれが所有するコンピュータからの指示により、タイムリーでスピーディな入出庫が可能になりました。

### (3) リテールサポート機能の強化

　消費財の卸売業は、卸自身の仕入管理機能の強化が前提ですが、得意先の小売業の売上を回復させるための支援活動、いわゆるリテールサポート機能を強化することが期待されています。リテールサポート機能の中心的な役割は、売場における需要創造のための支援であり、最適な品ぞろえ、最適な売場配置、最適な棚割り等についての提案です。卸売業がリテールサポート提案を行うためには、得意先小売業の情報技術の導入を支援し、POSデータや在庫データを入手、分析することが有効です。

### （4）ボランタリー・ホールセラー化

　卸売業がリテールサポート機能を効率的に遂行する方法として、異業種卸売業との連携を図りながら、ボランタリー・ホールセラーとしての業態を確立するのも選択肢のひとつです。

　ボランタリー・ホールセラーとは、PART4のsection2で解説した卸売業が中小小売業を組織化し、ボランタリーチェーンを結成することをいいます。アメリカで成長した卸売業態です。

　ボランタリー・ホールセラーは加盟店に対し、商品供給だけでなく、社員教育や経営支援まで含めた総合的な支援を行います。個々の加盟店の競争力を高めながら、チェーン全体の活性化を目指します。

### （5）消費者への直販

　小売業の兼営により消費者ニーズを直接把握し、PB商品開発やリテールサポートによる小売支援に役立てている卸売業があります。一般消費者にも商品を販売している中小消費財卸売業は、販売していない中小消費財卸売業に比べて、売上高営業利益率と売上高伸び率が高いという政府の統計データがあります。消費者へ直接商品を販売することも、卸売業の成長の方向性といえます。小売業だけでなく消費者も会員として組織化し、来店する会員に卸売価格で販売を行っているホールセールクラブ業態もあります。

　消費者直販の実例として、京都に本社を構える酒類専門卸売業があります。同社は、地酒・ワインの卸売以外に、イタリアンレストランを経営しています。レストランで自社のワインを販売し、顧客の意見や評価をチェックし、その結果を卸売部門のリテールサポートに活かしています。

### 図 10-06　海外からの仕入れと成長成果（消費財卸売業）

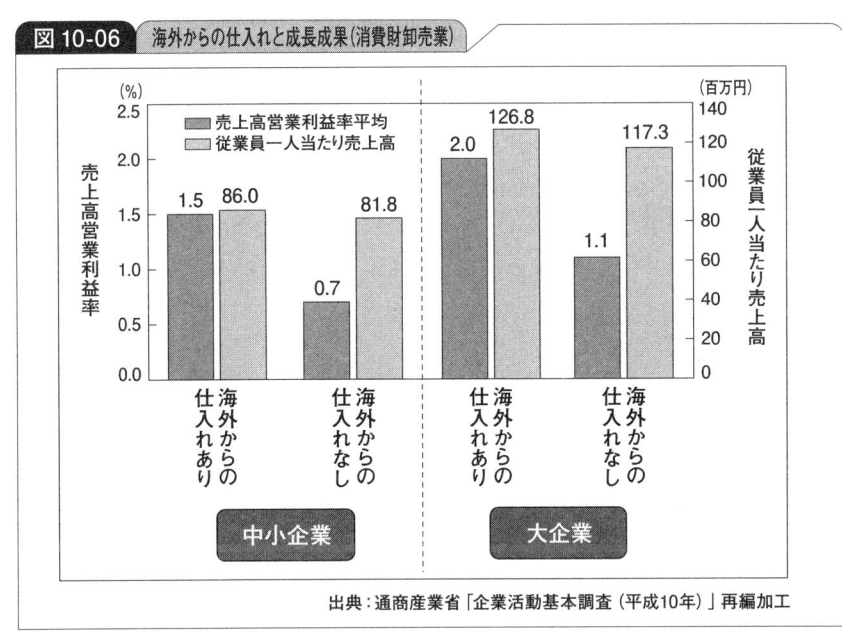

売上高営業利益率／従業員一人当たり売上高（百万円）

中小企業
- 海外からの仕入れあり：売上高営業利益率平均 1.5％、従業員一人当たり売上高 86.0
- 海外からの仕入れなし：売上高営業利益率平均 0.7％、従業員一人当たり売上高 81.8

大企業
- 海外からの仕入れあり：売上高営業利益率平均 2.0％、従業員一人当たり売上高 126.8
- 海外からの仕入れなし：売上高営業利益率平均 1.1％、従業員一人当たり売上高 117.3

出典：通商産業省「企業活動基本調査（平成10年）」再編加工

### 図 10-07　一般消費者等への販売と経営成果（消費財卸売業）

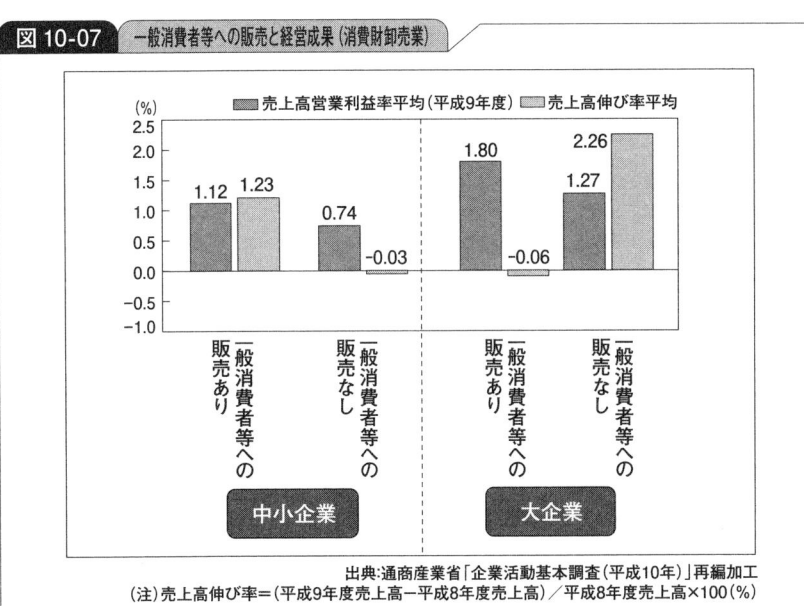

売上高営業利益率平均（平成9年度）／売上高伸び率平均（％）

中小企業
- 一般消費者等への販売あり：1.12、1.23
- 一般消費者等への販売なし：0.74、-0.03

大企業
- 一般消費者等への販売あり：1.80、-0.06
- 一般消費者等への販売なし：1.27、2.26

出典：通商産業省「企業活動基本調査（平成10年）」再編加工
(注)売上高伸び率＝(平成9年度売上高－平成8年度売上高)／平成8年度売上高×100(％)

PART 10　流通業の方向性

## 参考文献

- 『1からの流通論』石原武政・竹村正明 (発行所) 碩学舎 (発売元) 中央経済社
- 『現代流通事典』日本流通学会(編集) 加藤義忠(監修) 白桃書房
- 『現代流通入門』加藤義忠・齋藤雅通・佐々木保幸 有斐閣
- 『日本の流通100年』石原武政・矢作敏行 有斐閣
- 『図解よくわかるこれからの流通』木下安司 同文舘出版
- 『現代流通 理論とケースで学ぶ』矢作敏行 有斐閣アルマ
- 『ベーシック流通のしくみ〈第2版〉』井本省吾 日本経済新聞出版社
- 『ビジュアル流通の基本[第4版]』小林隆一 日本経済新聞出版社
- 『面白いほどよくわかる流通のすべて』中村芳平 日本文芸社
- 『パナソニック底力の秘密』大西宏 実業之日本社
- 『手にとるように小売・流通がわかる本』上原征彦・坂上眞介・中麻弥美 かんき出版
- 『松下電器の経営改革』伊丹敬之・田中一弘・加藤俊彦・中野誠 有斐閣
- 『これから流通・通信市場で何が起こるのかIT市場ナビゲーター2009年版』野村総合研究所情報・通信コンサルティング部 東洋経済新報社
- 『家電流通データ総覧2009』RIC
- 『独占禁止法講義』久保成史・田中裕明 中央経済社
- 『日本ショッピングセンターハンドブック』「商業界」編集部(編) 商業界
- 『飛躍するボランタリーチェーン』田代治喜・波形克彦(編著) (株)ボランタリー・コンサルタントセンター (監修) 経営情報出版社
- 『マーケティング・ハンドブック日経MJトレンド情報源2009』日経

MJ(編集) 日本経済新聞出版社
- 『立地ウォーズ 企業・地域の成長戦略と「場所のチカラ」』川端基夫 新評論
- 『基礎から学ぶ流通情報システム』佐藤誠 中央経済社
- 『人気爆発・農産物直売所』田中満 ごま書房
- 『業界の最新常識よくわかる食品業界』芝﨑希美夫・田村馨 日本実業出版社
- 『業界の最新常識よくわかる中食業界』高橋麻美 日本実業出版社
- 『最新食品業界の動向とカラクリがよ～くわかる本[第2版]』福井晋 秀和システム
- 『マーケティング戦略(第3版)』和田充夫・恩蔵直人・三浦俊彦 有斐閣アルマ
- 『わかりやすい マーケティング戦略(新版)』沼上幹 有斐閣アルマ
- 『マーケティング用語辞典』和田充夫・日本マーケティング協会編 日本経済新聞出版社
- 『2000年版中小企業白書』中小企業庁 大蔵省印刷局
- 『物流の知識(第3版)』宮下正房・中田信哉 日本経済新聞出版社
- 『中小企業診断士1次試験対策講座 企業経営理論B』TBC受験研究会
- 『中小企業診断士1次試験対策講座 運営管理』TBC受験研究会
- 『2009年版マーケティングクイックマスター』木下安司(編著) 同友館
- 『2009年版店舗・販売管理クイックマスター』木下安司 同友館
- 『ロジスティクス入門』中田信哉 日本経済新聞出版社

## 監修者
**山口 正浩**（やまぐち まさひろ）
（株）経営教育総合研究所代表取締役社長、中小企業診断士の法定研修（理論政策更新研修）経済産業大臣登録講師。産業能率大学兼任講師、経済産業大臣登録中小企業診断士、経営学修士（MBA）。日本経営教育学会、日本経営診断学会、日本財務管理学会など多数の学術学会に所属し、財務や経営戦略、事業再生に関する研究をする一方、各種企業・地方公共団体にて、経営幹部、営業担当者の能力開発に従事している。
著書として、『経済学・経済政策クイックマスター』『アカウンティングクイックマスター』（以上、同友館）、『3級・販売士最短合格テキスト』『減価償却の基本がわかる本』（以上、かんき出版）、『販売士検定3級 重要過去問題 傾向の分析と合格対策』（秀和システム）など、80冊以上の著書・監修書がある。

**木下 安司**（きのした やすし）
（株）セブン-イレブン・ジャパン システム部を経て、経営コンサルタントとして独立。昭和57年、（株）東京ビジネスコンサルティング（現（株）TBC）を創業。現在、（株）TBC代表取締役社長、（株）経営教育総合研究所主任研究員。経済産業大臣登録中小企業診断士。
業界屈指の合格率を誇る「TBC受験研究会」を28年間主宰し、中小企業診断士の育成、指導を通じて人的ネットワークを構築。企業の経営革新・事業再生支援に注力している。
著書として、『図解 よくわかるこれからの流通』（同文舘出版）、『コンビニエンスストアの知識』『小売店長の常識』（日本経済新聞出版社）、『セブン-イレブンに学ぶ超変革力』（講談社）、『手にとるようにマーチャンダイジングがわかる本』（かんき出版）など多数がある。

## 執筆者
**田中 秀一**（たなか しゅういち）
（株）経営教育総合研究所主任研究員、エクセルブレーン株式会社代表取締役社長、中小企業診断士。日本マクドナルド株式会社、富士電機ITソリューション株式会社にてマーケティングを担当し、平成16年に経営コンサルタントとして独立。PART1〜2、10担当。

**木村 多克**（きむら まさかつ）
（株）経営教育総合研究所研究員、中小企業診断士、GCS認定コーチ、行政書士。セールスパーソン育成の経験を活かし、セールスパーソンを中心にコーチング活動を展開。現在は人材育成を主としたコンサルティングに従事。クライアントの自主性を重視した人材育成に精通している。PART5〜9担当。

**蟻波 勝**（ありなみ まさる）
（株）経営教育総合研究所研究員、中小企業診断士、一級建築士、再開発プランナー。メーカーでの設計業務を経験した後、大学院に進学し、ベトナムの町並み保存を研究する。現在は都市再開発のコンサルティングに従事。地方都市の再開発事業に精通している。PART3〜4、7〜8担当。

マーケティング・ベーシック・セレクション・シリーズ
## 流通マーケティング

平成 21 年 8 月 16 日　初版発行

監修者―――山口　正浩

編著者―――田中　秀一

発行者―――中島　治久

発行所―――同文舘出版株式会社
　　　　　　東京都千代田区神田神保町 1-41　〒 101-0051
　　　　　　電話 営業 03（3294）1801　編集 03（3294）1803
　　　　　　振替 00100-8-42935
　　　　　　http://www.dobunkan.co.jp

Ⓒ M.Yamaguchi
印刷／製本：シナノ

ISBN978-4-495-58521-1
Printed in Japan 2009

DO BOOKS

# インターネット・マーケティング

㈱経営教育総合研究所
山口正浩 監修
前川浩基 編著

## マーケティング・ベーシック・セレクション・シリーズ
### Marketing Basic Selection Series

多様化しているマーケティングを 12 のテーマに分類し、最新事例や図表を使用してわかりやすくまとめたシリーズ。企業のマーケティング研修のテキストとして最適！

インターネット・マーケティング（既刊）　プロモーション・マーケティング
流通マーケティング（既刊）　　　　　　ブランド・マーケティング
ダイレクト・マーケティング　　　　　　ロイヤリティ・マーケティング
戦略的マーケティング　　　　　　　　　ターゲット・マーケティング
プロダクト・マーケティング　　　　　　コミュニケーション・マーケティング
プライス・マーケティング　　　　　　　マーケティング・リサーチ

順次刊行

マーケティング・ベーシック・セレクション・シリーズ専用HP
http://www.keieikyoiku.co.jp/MK

同文舘出版